非物质文化遗产丛书
Intangible Cultural Heritage Series

北京杠箱

张艺军 编著

北京出版集团公司
北京美术摄影出版社

图书在版编目（CIP）数据

北京杠箱 / 张艺军编著. — 北京 ：北京美术摄影出版社，2015.10

（非物质文化遗产丛书）

ISBN 978-7-80501-854-6

Ⅰ. ①北… Ⅱ. ①张… Ⅲ. ①传统体育项目—介绍—北京市 Ⅳ. ①G85

中国版本图书馆CIP数据核字(2015)第218802号

非物质文化遗产丛书

北京杠箱

BEIJING GANGXIANG

张艺军　编著

出　版　北京出版集团公司

　　　　北京美术摄影出版社

地　址　北京北三环中路6号

邮　编　100120

网　址　www.bph.com.cn

总发行　北京出版集团公司

发　行　京版北美（北京）文化艺术传媒有限公司

经　销　新华书店

印　刷　北京方嘉彩色印刷有限责任公司

版　次　2015年10月第1版　2017年5月第2次印刷

开　本　190毫米×245毫米　1/16

印　张　16.25

字　数　234千字

书　号　ISBN 978-7-80501-854-6

定　价　68.00元

质量监督电话　010-58572393

编委会

组织编写

北京市文学艺术界联合会

北京民间文艺家协会

序

PREFACE

赵　书

2005 年，国务院向各省、自治区、直辖市人民政府，国务院各部委、各直属机构发出了《关于加强文化遗产保护的通知》，第一次提出“文化遗产包括物质文化遗产和非物质文化遗产”的概念，明确指出：“非物质文化遗产是指各种以非物质形态存在的与群众生活密切相关、世代相承的传统文化表现形式，包括口头传统、传统表演艺术、民俗活动和礼仪与节庆、有关自然界和宇宙的民间传统知识和实践、传统手工艺技能等，以及与上述传统文化表现形式相关的文化空间。”在北京市“保护为主、抢救第一、合理利用、传承发展”方针的指导下，在市委、市政府的领导下，非物质文化遗产保护工作得到健康、有序的发展，名录体系逐步完善，传承人保护逐步加强，宣传展示不断强化，保护手段丰富多样，取得了显著成绩。

2011 年，第十一届全国人民代表大会常务委员会第十九次会议通过《中华人民共和国非物质文化遗产法》。第三条中规定“国家对非物质文化遗产采取认定、记录、建档等措施予以保存，对体现中华民族优秀传统文化，具有历史、文学、艺术、科学价值的非物质文化遗产采取传承、传播等措施予以保护”。第八条中规定“县级以上人民政府应当加强对非物质文化遗产保护工作的宣传，提高全社会保护非物质文化遗产的意识”。为了达到上述要求，在市委宣传部、组织部的大力支持下，北京市于2010年开始组织编辑出版“非物质文化遗产丛书”。丛书的作者为非物质文化遗产项目传承人以及各文化单位、科研机构、大专院校对本专业有深厚造诣的著名专家、学者。这套丛书的出版赢得了良好的社会反响，其编写具有三个特点：

第一，内容真实可靠。非物质文化遗产代表作的第一要素就是项目内容的原真性。非物质文化遗产具有历史价值、文化价值、精神价值、科学价值、审美价值、和谐价值、教育价值、经济价值等多方面的价值。之所以有这么高、这么多方面的价值，都源于项目内容的真实。这些项目蕴含着我们中华民族传统文化的最深根源，保留着形成民族文化身份的原生状态以及思维方式、心理结构与审美观念等。非遗项目是从事非物质文化遗产保护事业的基层工作者，通过走乡串户实地考察获得第一手材料，并对这些田野调查来的资料进行登记造册，为全市非物质文化遗产分布情况建立档案。在此基础上，各区、县非物质文化遗产保护部门进行代表作资格的初步审定，首先由申报单位填写申报表并提供音像和相关实物佐证资料，然后经专家团科学认定，鉴别真伪，充分论证，以无记名投票方式确定向各级政府推荐的名单。各级政府召开由各相关部门组成的联席会议对推荐名单进行审批，然后进行网上公示，无不同意见后方能列入县、区、市以至国家级保护名录的非物质文化遗产代表作。丛书中各本专著所记述的内容真实可靠，较完整地反映了这些项目的产生、发展、当前生存情况，因此有极高历史认识价值。

第二，论证有理有据。非物质文化遗产代表作要有一定的学术价值，主要有三大标准：一是历史认识价值。非物质文化遗产是一定历史时期人类社会活动的产物，列入市级保护名录的项目基本上要有百年传承历史，通过这些项目我们可以具体而生动地感受到历史真实情况，是历史文化的真实存在。二是文化艺术价值。非物质文化遗产中所表现出来的审美意识和艺术创造性，反映着国家和民族的文化艺术传统和历史，体现了北京市历代人民独特的创造力，是各族人民的智慧结晶和宝贵的精神财富。三是科学技术价值。任何非物质文化遗产都是人们在当时所掌握的技术条件下创造出来的，直接反映着文物创造者认识自然、利用自然的程度，反映着当时的科学技术与生产力的发展水平。丛书通过作者有一定学术高度的论述，使读者深刻感受到非物质文化遗产所体现出来的价值更多的是一种现存性，对体现本民族、群体的文化特征具有真实的、承续的意义。

第三，图文并茂，通俗易懂，知识性与艺术性并重。丛书的作者均是非物质文化遗产传承人或某一领域中的权威、知名专家及一线工作者，他们撰写的书第一是要让本专业的人有收获；第二是要让非本专业的人看得懂，因为非物质文化遗产保护工作是国民经济和社会发展的重要组成内容，是公众事业。文艺是民族精神的火烛，非物质文化遗产保护工作是文化大发展、大繁荣的基础工程，越是在大发展、大变动的时代，越要坚守我们共同的精神家园，维护我们的民族文化基因，不能忘了回家的路。为了提高广大群众对非物质文化遗产保护工作重要性的认识，这套丛书对各个非遗项目在文化上的独特性、技能上的高超性、发展中的传承性、传播中的流变性、功能上的实用性、形式上的综合性、心理上的民族性、审美上的地域性进行了学术方面的分析，也注重艺术描写。这套丛书既保证了在理论上的高度、学术分析上的深度，同时也充分考虑到广大读者的愉悦性。丛书对非遗项目代表人物的传奇人生，各位传承人在继承先辈遗产时所做出的努力进行了记述，增加了丛书的艺术欣赏价值。非物质文化遗产保护人民性很强，专业性也很强，要达到在发展中保护，在保护中发展的目的，还要取决于全社会文化觉悟的提高，取决于广大人民群众对非物质文化遗产保护重要性的认识。

编写“非物质文化遗产丛书”的目的，就是为了让广大人民了解中华民族的非物质文化遗产，热爱中华民族的非物质文化遗产，增强全社会的文化遗产保护、传承意识，激发我们的文化创新精神。同时，对于把中华文明推向世界，向全世界展示中华优秀文化和促进中外文化交流均具有积极的推动作用。希望本套图书能得到广大读者的喜爱。

2012 年 2 月 27 日

序

PREFACE

石振怀

张艺军的《北京杠箱》书稿完成后，让我帮忙写个序，我没犹豫就答应了。在做非遗工作初期，杠箱算是我接触比较多的一个项目，这使我对张艺军的书有了更多期待，也因北京杠箱（史称“兵部杠箱会”）这个项目的确让我有许多话想说。

说起这个项目，我立刻会想起一位老人——隋少甫先生。隋老先生已经去世好几年了，他在离世前把北京杠箱这一弥足珍贵的民间文化遗产传给了后人，使之在这个世界得以继续生存。

记得十年前，北京市民族民间文化保护工作遵循文化部发起的“中国民族民间文化保护工程”的引导和部署，正在有条不紊地进行当中。作为当时北京群众艺术馆负责分管此项工作的副馆长，我每天想着的就是在北京市浩瀚的但又容易遗失的民间文化遗产资源中能够有新的发现。几乎每一个进入我脑海中的老北京传统文化项目，我都如获至宝。有一天，时任原崇文区文化馆（今东城区第二文化馆）副馆长的武良田老师给了我一个信息，说在原崇文区崇文门外街道普查到一个杠箱的项目，很值得挖掘保护，并告诉我传承人还在。这位传承人就是隋少甫先生。

在交谈中我得知，杠箱原是皇宫“内八档”之一，称为“兵部杠箱会”，到如今其中七档都在，唯独兵部杠箱会已难觅踪影。而隋少甫先生的父亲曾是清末兵部杠箱会的最后一任杠箱官（在杠箱表演中饰县官），隋少甫先生也只在小时候曾经见过并学过父亲表演。后来，隋少甫先生一直想在有生之年能够恢复兵部杠箱会，尽管已经被北京花会界尊为北京花会的总会首，但一直未了这一心愿。听完武馆长的介绍，我对兵部杠箱会倍感珍稀，也产生了想拜访隋老先生的冲动。

2005年1月7日，我与武馆长等一行人前往家住崇文门外街道的隋少甫先生家中，走访因摔伤已卧病在床的隋少甫先生。当天随我们一起走访的就有在崇文门外街道文化科工作的本书作者张艺军老师。隋老先生已经80多岁，他坐在床头接待了我们。虽然人已高龄，且还有病，但在交谈中，我感觉他精神矍铄，十分健谈。隋老先生表示十分欣喜国家开始进行民保工程，也和我们讲了兵部杠箱会的许多内容，这使我异常兴奋。走访结束与武馆长分手前，我只是表示希望能抓紧做好兵部杠箱会的挖掘整理工作。

此后的一段时间，我虽然非常忙碌，但还是通过不同途径了解到了杠箱的一些信息。我打听到昌平区的一个单位曾经收藏了杠箱表演用的杠箱（道具实物），还听说天津津南区好像有杠箱活动。尽管后来证实昌平的杠箱已经遗失，不复存在了，但我还是想到天津去见一见杠箱的真容。

然而此后不久的一天，我却得到了一个对于兵部杠箱会乃至北京花会都十分不幸的消息。记得那天是2005年9月4日。当天上午，我正在参加北京民俗博物馆召开的“东岳庙行业祖师信仰习俗”项目的专家论证会，从参会的民俗专家口里得知了隋老先生去世的消息。当我在为隋老先生的去世感到悲痛惋惜的同时，所产生的第一个念头就是兵部杠箱会失传了！因为按照当时对非物质文化遗产名录项目的评定标准，如果传承人去世而又没有传人，意味着这项由传承人所承载的非遗项目就失传了。虽然隋老先生收了8个徒弟，但没有一个徒弟专门继承兵部杠箱会这门花会表演技艺。

正在痛感传承人保护形势紧迫，感慨抢救挖掘文化遗产刻不容缓时，我得到了一个消息：崇文门外街道的张艺军老师已经将隋少甫先生亲口讲述的兵部杠箱会的历史传承、表演过程、会礼会规以及其他相关资料完整地记录下来。原来，在2005年年初我们探访隋少甫先生之后，张艺军老师就利用每周日的时间，到隋老先生家与他聊天，记录下隋老先生讲的兵部杠箱会的全部内容，整理完成了六万余字的文字，并用自己美术专业的特长，将整个表演程式绘成图谱，编成了《北京“兵部杠箱会”解析集》。得知这个消息，我在敬佩张艺军老师如此有心、如此敬业的同时，也为兵部杠箱会得到抢救而感到由衷的高兴，以至此后我在受邀进行非遗讲座或发言时，都会使用兵部杠箱会得到抢救这个事例，来说明非物质文化遗产抢救、传承人口述资料挖掘整理的迫在眉睫。

虽然隋老先生不幸故去了，但是原崇文区对兵部杠箱会项目的挖掘抢救工作始终没有停止。2005年3月，我与原崇文区文化馆、崇文门外街道文化科等一干人到天津津南区探访杠箱，虽未见到杠箱的会档队伍，但看到了有关杠箱会的录像资料，特别是在葛沽镇看到了天津极具民俗特色的宝辇，也算是意外收获。此后，原崇文区非物质文化遗产保护工作办公室会同崇文门外街道及有关单位，通过普查、论证，并根据所占有的兵部杠箱会的有关文字、图谱、音像资料，由隋老先生的二徒弟黄荣贵、五徒弟赵宝祺领头，并聘请有关专家参加、指导，开始了兵部杠箱会的恢复工作。2007年1月，兵部杠箱会被原崇文区政府确定为首批区级非物质文化遗产项目，并将其命名为“北京杠箱”。2007年4月6日，在北京民协等单位的帮助下，由原崇文区文化馆组织排演的兵部杠箱会在原崇文区隆安寺进行了恢复演出，多位民间艺人和有京剧武功的演员共40多人分别饰演会中角色，上演了一场生动诙谐的杠箱表演，呈现了史料上有过记载但自清末后再无人得见的兵部杠箱会的独特场景。演出之后，北京各家媒体以《杠箱会百年后重出江湖》《杠箱会重启百年封存》等标题予以报道。2012年春节，我惊喜地发现，在隋少甫先生二徒弟黄荣贵先生的带动和努力下，兵部杠箱会表演在北海公园再次上演。这是自2007年之后，我所得知的又一次演出。

非物质文化遗产是依托传承人而存在的，它承载在传承人的身上。只有传承人代代相承，非物质文化遗产才能以活态形式存在于人民生活之中，反之就只会成为历史资料了。因此，有必要抓紧抢救那些在年事已高的传承人身上承载的非物质文化遗产的资源、技能、信息和历史档案，否则这些弥足珍贵的非物质文化遗产就有失传的危险，这不是危言耸听！兵部杠箱会抢救的历程，算是一个极有启示意义的案例。此外，我还想说，感谢张艺军为兵部杠箱会的抢救挖掘所做的贡献，恭喜他将自己辛苦获得的第一手资料编写成书，我期待着拜读这本书！

2015年1月5日

石振怀：曾任北京群众艺术馆副馆长，2003—2007年负责北京市非物质文化遗产保护的具体工作。

前言

FOREWORD

民间花会（香会）在中国有着上千年的历史。香会又称“民间舞蹈”，汉代称为“百戏”，发展到了宋元时期，被定名为“社火”，形成了民间自发性的结社组织，后来定名为“香会”，新中国成立后改名为“民间花会”。通过名称的演变不难看出民间花会不断发展创新的势头。它们不断调整自身的结构，随着国家政治、经济和文化的发展而壮大成熟起来。

清代是北京香会史上最为繁荣的时期，因为香会中的武会既可以锻炼身体，又能娱乐身心，从而受到人们的喜爱，连官府的官员也加入其中，清代朝廷的各个衙门都组建了自己的会档。兵部的杠箱、礼部的中幡、户部的秧歌会、工部的石锁、吏部的双石、刑部的棍、老太府的花坛、掌仪司的太狮子被合称为“内八档”。从衙门的名称可以看出，内八档都是朝廷的主要掌权部门，组成人员都是衙门里的中、下层官吏，在香会中是最高档次的皇会。这个地位对于民间香会而言是望尘莫及的，所以内八档所到之处，民间香会也要礼让其先。清代的终结使香会走向衰落。此后国家政权更替，外族侵略，民间香会一直处于低潮状态。新中国成立后，香会改名为民间花会，但仍十分低迷。直到改革开放以后，尤其是国家非物质文化遗产保护工作推广以来，北京民间花会又重整旗鼓，焕发了生机。龙潭杯全国优秀民间花会大赛、妙峰山庙会的恢复，使北京民间花会有了用武之地，而且越发显现出勃勃生机。

北京市文联成立了北京民间文艺家协会，原崇文区文联成立了民间花会联谊会，使民间花会有了官方的组织。东城区和原崇文区两区合并后，民间花会委员会仍然是合并后的东城区文联的主要专业委员会之一。但一些极具影响力的会档随着人员的衰老、去世而沉寂，内八档中就有几档陷于衰落，实体演出无法进行，挽救工作迫在眉睫。

兵部杠箱会是在2004年全国民族民间文化保护项目普查过程中，由崇文门外街道办事处在普查中发现的民间花会表演项目。该项目得到了当时北京市民族民间文化保护办公室领导和原崇文区民族民间文化保护办公室领导的特别关注。原北京市群众艺术馆副馆长石振怀和原崇文区文化馆副馆长武良田亲自去了解情况，并且赴天津调研。原崇文区文化馆在人力、财力等方面优先保证，经过多次开会讨论，使兵部杠箱会的发掘顺利进行。

2005年，笔者对兵部杠箱会的传承人隋少甫先生进行了多次采访，通过录音、录像、记录等方式，经过深入细致的工作，对兵部杠箱会的历史发展及内容进行了全面的了解。根据隋少甫先生的口述和查找相关资料进行整理和研究，初步撰写了兵部杠箱会的历史、内容等部分，绘制了图谱。编绘的《北京“兵部杠箱会”解析集》，对崇文门外地区民保普查中发掘的清代兵部杠箱会的表演内容、历史背景和研究成果进行了论述。

因隋少甫先生身体状况不好，长期卧病在床，崇文门外街道办事处加快了采访集成的速度。隋少甫先生在调查工作基本完成并上报资料后的一个月后去世了，可以说兵部杠箱会的历史资料是在老人最后时刻抢救出的一份珍贵的民间艺术资料。隋少甫先生曾竭力恢复了妙峰山庙会，组织了龙潭庙会和地坛庙会，而兵部杠箱会是隋少甫先生留给世间的最后一笔财富。

兵部杠箱会距今已有1000年的历史，产生并流传于北京，为半官半私的香会，康乾时期被封为皇宫“内八档”之一。杠箱会成为兵部演练的香会，是皇宫内的香会，代表兵部为皇家表演，可以进入太和殿演出。兵部杠箱会中的灵魂人物杠箱官被定为七品官阶，可以在走会时当街断案，并到北京最大的妙峰山庙会表演，酬神献艺。

当兵部杠箱会表演时，百姓可以真的告状，杠箱官可以同真正的县官一样判案，给大兴、宛平两地衙门写押票，将人犯押入大牢并判刑。这在其他各项表演中是绝无仅有的，所以它的档次也是最高的一类。

兵部杠箱会在表演上具有以下显著的特点。1.“艺中有技，技中有艺”。杂技与戏剧相结合，文戏和武戏相结合的表演形式。2.上下互动性较强。百姓和杠箱官上下打趣说笑，表演和百姓联系在一起，百姓向杠箱官随机出题，没有固定的台词，完全靠杠箱官随机应变的能力和高超的智慧，这样的表演是很少见的。3.半官半民，半真半假。它既是民间表演，又带有官方行为。4.动作技巧性强。耍杠箱的两人不用手来扶杠子，却要用全身各部分来回耍，同时还要使箱子上的铁环不停地打出节奏和动作相互配合。

2007年1月，兵部杠箱会被原崇文区政府确定为首批区级非物质文化遗产项目，并将其命名为“北京杠箱”。随即由区文化委牵头，与区文化馆、文联和崇文门外街道办事处联合组织其恢复工作，建立恢复兵部杠箱会的组织机构并召开专家论证会进行研讨，确定由区文化馆和崇外街道办事处联合负责其表演活动。最终形成以隋老先生的二徒弟黄荣贵、五徒弟赵宝琪为指导，有关专家为顾问的工作队伍。此项目在有关专家的指导下，在经过长时间的调查、研究，撰写论证报告和多次座谈的基础上，明确了兵部杠箱会的历史定位，解决了核心表现内容等难题，确定了兵部杠箱会的恢复排练脚本。由于兵部杠箱会具有高难度技巧，所以确立以北京京剧院专业演员和街道传承人队伍相结合，以专业带业余的形式进行恢复排练。

经过多方努力，2007年4月6日下午，隆安寺内举行了盛大的恢复兵部杠箱会的实体演出，这是原崇文区非物质文化遗产项目兵部杠箱会在封存了近百年后的第一次亮相。演出受到了社会各界的高度关注，引起很大轰动，它使人们得以观赏到清朝皇家最高档的内八档之一的演出。专家们对兵部杠箱会的表演给予了充分肯定，认为它是“表演出了皇家的气派，挽救了中国花会的重要项目”，一致表示这是北京市和原崇文区非物质文化遗产工作的重大成就。

兵部杠箱会是中国重要的非物质文化遗产，是中国几千年文化历史传统的延续，具有重要的历史价值；是皇宫文化、官府文化、民间文化的综合体现，具有重要的文化价值；同时对于现今艺术舞台借鉴古代传统文化具有重要的借鉴价值。如果没有国家对非物质文化遗产保护的提倡，兵部杠箱会可能将继续沉寂于人海中，甚至可能永远消失；如果没有国家对非物质文化遗产保护的扶持，兵部杠箱会的实体演出可能无缘与世人见面。

笔者是该项目普查和恢复工作的参与者和见证者，想通过亲身经历还原出该项目的历史风貌，也希望借此书将北京杠箱（兵部杠箱会）这个凝聚着中华文明结晶及北京历史文化风貌的非物质文化遗产项目用文字和图形完整地保存下去。

目录

CONTENTS

第一章

杠箱会的历史渊源及分布

民间花会是中国传统的一种表演形式，通过走会进行展演，历史悠久，是中华民族丰富的历史、文化资源的组成部分。民间花会往往在庙会开放时与上香的香客一起朝顶进香，原称为“香会”，又称“民间舞蹈”，属于民间自娱自乐的形式。北京杠箱就是民间花会项目中的一朵绚丽奇葩。

第一节

民间花会概况及历史渊源

民间花会起源于春秋时期，距今已有2000多年的历史。根据史书记载和对出土文物纹样图案的考证，春秋时期就已经有了民间表演艺术的存在和现今民间花会表演项目的雏形。

最早描写花会表演的记载项目是高跷秧歌。据《列子·说符》一书记载：“宋有兰子者，以技干宋元。宋元召而使见其技以双枝，长倍其身，属其胫，并趋并驰，弄七剑，迭而跃之，五剑常在空中。”说的是春秋时宋国国君召见兰子（艺人）进行表演，艺人踩在两倍于身高的高跷上来回走跳，手中还在抛耍着七把短剑。这段文字说明了艺人技艺的精湛和动作的复杂，这也是最早的有关民间花会的记载和例证。

民间花会在汉代被称为“百戏”，宋、元两代被称为“社火”，人们为了祈求五谷丰登，求得神的庇护而在庙会期间表演。六朝时期，年终报赛形式与佛教仪式结合，发展为社火游行的表演。民间社火长期以来又与戏剧、舞蹈、杂技、武术表演混为一体，百姓们按照技艺行当组织起各类团体，平素定期练习，节时便到庙会上演出。明代正式定名为“香会”并开始兴盛，新中国成立后改名为“民间花会”并一直沿用至今。

◎ 绕襟衣陶舞俑（西汉）——江苏徐州出土 ◎

一、百戏

秦朝的灭亡，汉朝的建立，经过战乱的中华大地百废待兴。随着国家政权的稳定，朝廷政策对生产力的促进，社会经济的发展迅速提高，经过了几十年的恢复，到了汉武帝时终于达到了鼎盛。对外开拓疆土开通贸易，丝绸之路的打开促进了商业经济流通，人民安居乐业，文化艺术取得长足进步，人们终于盼到了盛世之国的到来。汉朝的昌盛促进了文化艺术的发展，形成了表演类的艺术体系，百戏的完善包括了各种杂技。

汉唐时期的百戏，在历史文献中有记载，但百戏图样较少，无法全面地了解当时的百戏盛况，而出土文物让我们窥测到了冰山的一角，在艺术文物作品里领略了当时的情景。画像石是汉代雕刻在墓室、祠堂四壁的装饰石刻壁画。父母死后，后辈们要建造父辈的地宫，对死去的亲人做出精神和物质的奉献。《汉书》中描写，汉代宫殿大多有壁画，称之为“画室”或“画堂”。在“事死如事生”理念的影响下，父母生前居室若有壁画，死后也要体现在墓室里，这就是我们现在看到的墓室中的彩绘壁画和砖石刻画。甚至父辈生前的某些生活场面也会在墓室内刻画出来。古人在墓穴里埋藏了很多墓主人生前喜爱的用品，希望墓主在冥间也有生前一样的辉煌，在很多的汉画像砖和壁画中都描绘了百戏的表演形象。汉画像石墓葬分布地域很广，主要分布于山东、河南、川渝、陕北等地区。

如山东省临沂地区的沂南县北寨村和安丘县（今安丘市）董家庄都有大型的墓室，墓室内画有《百戏图》，描绘了艺人们弄剑、马术、车

◎ 沂南县北寨村墓室中汉画像石《百戏图》◎

技、顶竿等图样。笔者曾前往该地调研，看到墓中室东壁上横额画像，减底凸面线刻，画面一层刻乐舞百戏，自左向右分为四组：第一组刻有杂技人物，有跳丸、踏鼓、顶竿的；第二组刻乐队，有击鼓、吹排箫、吹埙、弹琴、捧笙、撞钟的；第三组为鱼龙曼衍之戏，有走绳、龙戏、鱼戏、豹戏、雀戏奏乐者；第四组为戏车和马戏。此画像展示了墓主人生前观看到的百戏场景，通过这个历史的窗口也让我们当代人有幸一睹当年百戏表演的生动情境，对我们研究民间花会的传承历史有重要的价值。

1957年北京顺义东汉墓出土的乐舞百戏陶灯贴塑百戏俑也表现了百戏艺人们的生动表演形象，倒立、跳丸、长袖舞、骑马等，种类的众多，技艺的精湛，难度的高深，让人为之惊叹，再现了汉代百戏包罗万象的情景。

在中国的西南地区百戏项目同样很普及。1954年在四川省成都扬子山出土了观伎画像砖，经过文物部门的权威性鉴定，为东汉时期（25—220年）的墓葬画像砖，内容反映的是伎人们在鼓、箫的伴奏下做百戏项目中的跳丸、跳瓶、巾舞等演出。

◎ 观伎画像砖——四川成都出土 ◎

有关百戏的文字记载很多。东汉文学家、科学家张衡撰写的《西京赋》中介绍了长安的百戏情景："临回望之广场，程角抵之妙戏。乌获扛鼎，都卢寻橦，冲狭燕濯，胸突铦锋。跳丸剑之挥霍，走索上而相逢……百马同辔，骋足并驰……"通过文字的描述，介绍了汉武帝元封年间在平乐观看百戏的演出，展现了当时百戏中的一些项目，如马术、跳丸、走索、摔跤、扛鼎等精彩技艺。

◎ 平索戏车车骑出行画像砖 ◎

唐朝时期百戏也是盛行一时。《明皇杂录》中记载了唐朝皇帝在勤政楼前“罗列百伎”，艺人戴竿之技艺的精湛表演：“玄宗御勤政楼，大张乐，罗列百伎。时教坊有王大娘者，善戴百尺竿，竿上施木山，状瀛洲方丈，令小儿持绛节出入于其间，歌舞不辍。”这段文字描写的是：戴竿演员王大娘在头顶上顶一根百尺的长竿，竿的上端安置了用木头雕刻的人们想象中仙境的模样，小演员爬竿而上做各种形体技巧动作，难度之高令人惊叹。神童刘晏看后激动地写下了《咏王大娘戴竿》一首：“楼前百戏竞争新，唯有长竿妙入神。谁谓绮罗翻有力，犹自嫌轻更著人。”现在在民间花会中还有该项目及类似项目的传承、演变，如中幡、登竿圣会等。

◎ 汉代百戏中的戴竿 ◎

二、社火

宋、元两朝将百戏称为“社火”。社火的解释很多，“社”是指庙宇，“火”是指古代祭祀中的火禊，用火点燃的意思。社火是在信仰仪式上祈求吉祥所表现的综合艺术形式，综合了戏曲、歌曲、歌舞、杂技等民间娱乐活动。它不仅在庙会上表演，在许多的庆典和民间节日也表演。在范成大写的《上元纪吴中节物俳谐体三十二韵》中形容社火“轻薄行歌过，颠狂社舞成。村田蓑笠野，街市管弦清。里巷分题句，官曹别扁门。旱船遥似泛，水儡近如生。钳赭装牢户，嘲嗤绘乐棚”，表现出古时社火的红火场面。

至今，很多的边远地区仍然沿用“社火”的名称。社火已不是单独的表演，而是与祈福、宗教相联系，通过在庙会上表演和服务，为人们和大自然祈福。

（一）庙会

庙会是什么呢？庙会又叫“庙市”，和集市有关，唐朝时就已经存在了。庙会在佛节或者规定时期内，一般在庙内或庙门口及周边地区，即方便人们进香的地方开办。庙会是民间信仰的现实反映，庙是供奉神灵的场所，庙会是群体性的百姓聚集信仰的活动场所，可以围绕神灵信仰开展的一系列娱乐、买卖、服务等活动。善男信女们进香，人员流动较大，正是集市贸易的好场所。

（二）神佛舞得到了发展

庙会的礼仪仪式所组成的各种元素组成了庙会文化，人与神之间、人与自然之间、人与人之间的联系是通过各种文化形式来表现的，包括庙会上的一切吃、住、行、看等因素，还有为神佛演出的节目，如音乐、舞蹈、戏剧（神戏）等。凡是凡人所需要的，都为神佛准备好了。

封建统治者对巫术和祭祀的迷信程度使他们相信神可以主宰一切，可想而知，巫术和与之相关的舞蹈也迅速蔓延，在历史记载中，提到了以歌舞为特色的巫风。例如在商朝社会风气中，商朝舞在祭祀中是不可或缺的，后来发展成为风俗性的舞蹈。

在周朝宫廷里已出现的傩祭舞（古时指驱逐瘟疫的迎神赛会），在唐朝宫廷也曾风行一时，且有所发展、演变。在南宋孟元老所著的《东京梦华录》中提到，北宋大傩出现了土地、判官、灶神等形象，离百姓的生活越来越近，百姓所崇拜的，在傩中亦会被塑造出来。有些地方傩仪又和宗教仪式结合形成了新的表演形式，如在苏皖地区流行的跳五猖，鲁迅先生的文章中曾提到过“五猖会”，后来逐渐形成“社火”活动。

王维《凉州郊外游望》一诗写道：

野老才三户，边村少四邻。
婆娑依里社，箫鼓赛田神。
洒酒浇刍狗，焚香拜木人。
女巫纷屡舞，罗袜自生尘。

虽然佛教是反对巫术的，但王维的诗句却反映出离佛教圣地敦煌不远的凉州巫风盛行。

巫舞具有十分悠久的历史，与前代相比，唐代的巫舞神秘的气氛淡薄些，如王维写的《祠渔山神女歌》“迎神”诗：“坎坎击鼓，渔山之下。吹洞箫，望极浦，女巫进，纷屡舞。”巫舞娱神兼娱人的作用更为突出。

（三）民间舞蹈的发展

周朝的皇帝制定了各种仪式的舞蹈制度，称为“乐舞”。据记载，周朝时创立了六套乐舞，分为文舞和武舞两类。文舞和武舞体现了文以文德定天下，武以武功取天下。杠箱会就是文武结合，故它是具有象征意义的民俗舞蹈。

周朝乐舞盛行，在河南、安徽、湖北、湖南、四川等地的墓葬中出土了大量春秋时期有关乐舞的文物，如湖南长沙出土的战国彩绘舞女漆奁、河南信阳出土的楚国漆饰瑟乐舞图、湖北随州曾侯乙墓出土的漆绘鸳鸯盒上舞人图，以舞蹈展现了贵族们享乐的生活画面。

因佛教与道教流行在南北朝时期，庙宇已经非常普遍，北魏时期的杨衒之撰写的《洛阳伽蓝记》就有寺院设伎乐的记载，每逢宗教节日，寺庙里都有群众性的游乐活动，舞蹈是重要内容之一。

唐朝的《太平乐》又称为《五方狮子舞》，是唐代皇宫舞狮表演，和民间的舞狮基本相同而且流传广泛，在当代北京民间十三档花会中就有舞狮会。

在赛神仪式时，一般要有歌舞表演。百姓祈求好收成好年景，他们相信赛神能感动天神为人类祈福，表现了百姓的美好愿望。刘禹锡的《阳山庙观赛神》就描写了湖北一带当时的场景："荆巫脉脉传神语，野老娑婆起醉颜。日落风生庙门外，几人连蹋竹歌还。"

宋朝民间的社火，得到了朝廷的支持。社火在神佛节日举行得较多，到了元宵节时达到了高潮。正如辛弃疾词《青玉案·元夕》描写的元宵夜的情况："东风夜放花千树，更吹落，星如雨。宝马雕车香满路。凤箫声动，玉壶光转，一夜鱼龙舞。蛾儿雪柳黄金缕，笑语盈盈暗香去。众里寻他千百度，蓦然回首，那人却在，灯火阑珊处。"其中"一夜鱼龙舞"就是对社火活动热闹场面的记录。在宋朝人周密撰写的《武林旧事》一书中则开列了71种社火队伍名称。明清时期社火活动达到了鼎盛，在清代古画《北京走会图》中描绘了18个民间香会的图样。清代诗人曹学禹在《竹枝词》中记录了陕西地区组织社火表演的盛况："鱼龙杂戏卸装才，取次连番胜社开。闻得沿街锣鼓响，陕人岁岁闹春抬。"通过这些历史记录，反映了古时民间社火活动在中华大地上的生机勃勃，广泛传播，创造出了灿烂的民间艺术。

（四）庙会的心理

庙会是进行祭祀、娱乐和购物的民俗活动。在上古时期，庙是祭祀先祖的地方，并不是为神立庙。佛教约于东汉时期传入中国，道教也在这一时期逐渐形成发展，所以之前的夏、商、周等王朝的庙并不是宗教的庙宇。宋人高承认为"庙"始于轩辕黄帝，东汉时期许慎写的《说文解字》一书中解释为"尊先祖皃也"，春秋末年鲁国史官左丘明所著《左传》中说："国之大事，在祀与戎"，"祀"是指祭祀，"戎"是指用兵打仗，可见祭祀被推崇到很高的地位，成为庙会渊源的轨迹。"庙"也主要是王公大臣们做参拜的地方，不是一般老百姓的去处。

佛教和道教在中国的盛行和佛教、道教的传播有很大的关系。兴建寺庙，争取信徒，在宗教仪式上增加娱乐内容，都是扩大影响、招揽群众参与的方法，如"行像"活动就是将神像放在车上出巡的一种形式。在《洛阳伽蓝记》中记载有"浴佛节"的活动内容，这些活动促进了老百姓的参与，使民间娱乐文化也大幅度提高。佛教、道教还在寺、观中举办道场活动，由于宗教之间的竞争，统治阶级的支持，百姓也被吸引到寺、观之中，民间信仰的报赛酬神也与佛教、道教结合走进了寺、观中。寺、观庆典时民间的社会团体也加入进来助兴，逐渐形成了以宗教活动为主的群众聚会，也使商贸气息融汇其中，使寺、观的活动逐渐完整丰富起来，形成了后来影响巨大的庙会传统文化。

唐朝王建所作《赛神曲》，描述了神事活动与民俗的结合："男抱琵琶女作舞，主人再拜听神语。新妇上酒勿辞勤，使尔舅姑无所苦。椒浆湛湛桂座新，一双长箭系红巾。但愿牛羊满家宅，十月报赛南山神。青天无风水复碧，龙马上鞍牛服轭。纷纷醉舞踏衣裳，把酒路旁劝行客。"神事与民俗结合，带给人们的是一派轻松、欢乐与祥和，至今还影响着许多传统村落的人的生活。

随着寺庙、道观的普及，庙会等活动也蓬勃发展起来，明清至民国是庙会发展的鼎盛时期，庙会活动也日益完善。由于商品贸易的大量注入使单一的宗教、娱乐活动变成了贸易大集，吸引了大批香客、游客的参加。

在顾颉刚先生主编的《妙峰山》一书中，在《妙峰山进香专号》一文写道："朝山进香，是他们的生活中的一个重要部分，决不是可用迷信二字一笔抹杀的。我们在这上，可以看出他们意欲的要求，互助的同情，严密的组织，神奇的想象；可以知道这是他们实现理想生活的一条大路。他们平日只有为衣食而努力，用不到思想，惟有这个时候，却是很活泼的为实际生活以外的活动，给予我们以观察他们思想的一个好机会。另一方面，这是他们尽力于社交的时候，又是给予我们以接近他们的一个好机会。"庄严在《妙峰山进香日记》中写道："一方面游览山水，得正当之娱乐，获精神上之安慰与物质上之享用（如少林五虎等会可以悦目，音乐等会可以悦耳）。"

据史料记载，参加庙会的人中，看热闹、游玩、观光、看表演的占60%，商品交易的占30%，真正烧香磕头的人只占10%。这时的庙会实际上是依托宗教信仰的节庆，集宗教信仰、商品贸易、娱乐、观赏于一体的民间聚会活动，成为人们生活中的一件大事和传统，所以庙会又被称为“庙市”。一般来讲庙会文化和庙会经济的融合促进了庙会活动的频繁和发展。以北京妙峰山为例，在《燕京岁时记》中记载：“妙峰山碧霞元君庙在京城西北八十余里，山路四十余里，共一百三十余里，地属昌平。每届四月，自初一日开庙半月，香火极盛……自始迄终，继昼以夜，人无停趾，香无断烟，奇观哉……人烟辐辏，车马喧阗，夜间灯火之繁，灿如列宿。以各路之人计之，共约有数十万，以金钱计之，亦约有数十万。香火之盛，实可甲于天下矣。”

容肇祖的《妙峰山进香者的心理》一文中写道：“烧香的人们，不论是否在将来可以偿他们的愿望，但是总可以使他们发出一种信心，得到一种安慰，而暂时可以在他们的心理上减少种种的悲虑与忧愁。‘带福还家’，就是种种希望实现的保证，满意的安慰，没有比神力更大的了。”

（五）皇家的加入，促进了庙会的发展

隋唐时期崇信佛教，隋文帝曾下诏书：“重兴佛教，俱发菩提，共修福业，有毁佛天尊像者，以大逆不道论。”这从法令上保证了宗教庙宇的发展。封建时代的皇帝带头修庙，甚至在皇宫中建庙。又如清朝皇帝每年都要参拜天坛、地坛、还要去先农坛为农耕祈福于天下，很多达官贵人纷纷仿效，有钱有势的人家都建立家庙，连明朝大太监王振也建立了家庙——智化寺。由于统治阶级大力倡导佛教文化，以庙为主体的与之配套的庙会，也大范围地兴盛起来。在《隋书·柳彧传》中记载：“都邑百姓，每至正月十五日，作角抵之戏，递相夸竞，至于费力糜财……”

唐朝皇帝李世民和李治都非常重视和推崇佛教，后来流传的著名书法作品《圣教序》反映的就是李世民、李治大力推崇和宣扬唐玄奘取经的事。由于宗教的发展，社会相对稳定，促进了庙会文化的发展，带动了庙会这一民间艺术文化的繁荣。

（六）庙会文化

高有鹏所著的《庙会与中国文化》一书指出：庙会产生于中国古老的原始信仰，并经过千百年的传承、丰富、发展形成了中国独特的地域

文化。原始信仰是原始人类不相信自己征服自然的能力而依靠外来的神奇力量，得以生存的美好愿望和寄托。庙会的民间文化内容，包括民间戏曲、民间歌曲、民间舞蹈、民间社火、民间杂技、民间工艺等艺术形式。民间戏曲又称唱“神戏”，是一门综合的艺术，包括了音乐、唱段、动作等，内容也较为丰富。在古代汉砖、壁画、出土文物中经常有民间戏曲的内容。现在在很多庙里、偏远地区的村里、宗室祠堂里还能看到古老的戏台以及唱神戏和传统戏曲等表演。

各地的社火受到了不同地域文化的影响，所反映出的形式也不一

◎ 浙江地区祠堂中戏台 ◎

样，北京地区由于是明、清中央皇权所在地，带有很多皇家元素。庙会上表演的歌曲和舞蹈在北方叫武会，如中幡、杠箱等就是娱神、酬神的信仰活动。笔者在妙峰山上看到的群英同乐小车圣会表演唱小五佛，即是庙会宗教歌曲。

北京庙会群涉及北京、河北、天津、山西、辽宁、黑龙江、吉林、青海、内蒙古等地。北方庙会以华北庙会为主，主要集中在北京、天津、河北、山西。北京的庙会，在明清时期尤为突出，由于皇家庙宇和官员们兴建的庙宇及太监捐资等因素，使庙会的发展达到了顶峰。可以

说老北京庙会处处在，几乎天天有。在《帝京岁时纪胜》和《北京风俗类征》中，都有大量篇幅介绍北京的庙会，据有关资料记载统计有庙宇2730座。

庙会的功能有很多，既宣扬宗教，又通过民间文艺表演娱乐神仙、娱乐民众，同时促进了文化交流和技艺传播传承，促进了商品的买卖交易。庙会并不一定涉及宗教信仰，不同的庙有不同的内涵，如岳飞庙。岳飞因其功绩和爱国精神受到了人们的崇敬而被供奉。伏羲神庙赞颂的是伏羲创造的文明，黄帝庙颂扬的是中华民族的始祖黄帝，中国人至今仍自称为“炎黄子孙”。大禹陵祭拜的是我国古代的治水英雄和华夏民族的立国之祖大禹。所以，无论是宗教庙或者是世俗庙，都体现出了文化传播的性质。

庙会的特性集中在降福纳祥上，希望庙里的神灵给人们带来幸福。同时，由于自然环境的因素，赶庙会往往带有旅游的功能，妙峰山庙会就有“带福还家”的说法。

庙会集商贸、艺术、信仰、游乐为一体，孟元老的《东京梦华录》卷八中就有所描写：“天晓，诸司及诸行百姓献送甚多。其社火呈于露台之上。所献之物，动以万数，自早呈拽百戏，如上竿、趯弄、跳索、相扑、鼓板小唱、斗鸡、说诨话、杂扮、商谜、合笙、乔筋骨、乔相扑、浪子杂剧、叫果子、学像生、倬刀、装鬼、砑鼓牌棒、道术之类。色色有之，至暮呈拽不尽。殿前两幡竿，高数十丈，左则京城所，右则修内司，搭材分占，上竿呈艺解，或竿尖立横木，列于其上，装神鬼，吐烟火，甚危险骇人，至夕而罢。”让我们看到民间文艺在庙会中的活跃场景。

明朝皇帝于明洪武二年正月，敕封京都及天下的城隍，如敕封京都城隍庙为承天鉴国司民升福明灵王，县里城隍庙为显佑伯秩四品，促进了城隍庙会的发展，现在还能看到其缩影，如上海城隍庙仍蜚声海内外。《文献通考·群祀考》卷三载：“有一些地方百姓虔诚地崇拜神灵，是把他们作为保护神来拜的，关帝庙、女娲、妈祖都是为人们做了好事，所以人民才崇拜他们。”

在孙庆忠主编的《妙峰山香会组织的传承与处境》一书，苗大雷撰写的《民间组织蒙蔽下的村落意识》一文中有一段“念香词”的描述：在攒香的同时，田洪彦开始念香词，这是事先准备好的，他念道：“香烟缭绕扑鼻薰，诸佛海会悉遥闻。秉心圣会来朝顶，前行百里拜元君。京西古村秉心圣会全体玩角儿向碧霞元君娘娘上香叩头，求老娘娘保佑古城村男女老幼四季平安、万事如意。向守庙堂的、守神堂的、舍粥的、舍茶的、行香的、走会的、吃斋的、念佛的各位老都管道一声：‘您辛苦了！多虔诚了您哪！’中军、把头儿、石锁、太平歌会各位玩角儿向老娘娘上香有鉴哪！”通过这段“念香词”我们可以看到上香人的虔诚之心，希望得到神佛庇护的心愿。

三、香会的历史发展

明代将“社火”正式定名为“香会”，并开始兴盛，香会是各档会的总称。万历年间宛平县知县沈榜撰写的《宛署杂记》一书中写道：“三月二十八日，俗呼为‘降生’之辰，设有国醮，费几百金。民间每年各随其地预集近邻为‘香会’。”

永乐年间，在门头沟的妙峰山上就有了香会表演。正如明代王穉登《吴社编》记载当时吴地的“社会习俗”中提到的“凡神所栖舍，具威仪、箫鼓、杂戏迎之曰会。优伶伎乐，粉墨绮缟，角抵鱼龙之属，缤纷陆离，靡不毕陈”。清代由于朝廷重视，香会的发展达到了高潮，康、乾年间京城出现众多香会表演活动。到了清代后期，香会已经发展到了几百种以上，由于统治阶级的推崇，逐渐带有北方民族特色，流传于东北、河北、河南、山东、山西等地区。《中国古代的庙会》一书中写道：庙会的活动形式分为“坐会”和“巡会”两种，“坐会”即在庙中接受香火，“巡会”则是神像出游出巡，故又称“迎神赛会”。杨衒之撰写的《洛阳伽蓝记》一书中，有几段介绍了“浴佛记”的盛况：民间传说的四月释迦牟尼过生日，洛阳市内大小寺院都要把佛像抬出来沿街“巡行”，让神佛体察民情，惩恶扬善，“巡行”的队伍浩浩荡荡，锣鼓喧天，前有狮子引路，后有百戏相随，一时间洛阳街头：“奇伎异服，冠于都市，像停之处，观者如堵……”“歌声绕梁，舞袖徐转。丝管寥（嘹）亮，谐妙入神……”“梵乐法音，聒动天地。百戏腾骧，所在骈比……”“飞空幻惑，世所未睹。异端奇术，总萃其中……”上文描写了古代洛阳的民俗活动，介绍了“歌、舞、梵乐、百戏和异端奇术”等民间艺术，从形式上就是我们今天的“走会”。这种出巡的庙会除了神舆外，还有民间香会之类的如旗幡、跨鼓、狮舞等民间文艺形式，所以多以娱神、娱人为主。

北京白云观是道士丘处机去世之处，相传他去世后成为仙人，每年正月十九在他生日时要回到观中，所以每年的这一天白云观要举行庙会。据《帝京景物略》记载，如果能遇到丘真人就会有长生不老的仙缘，所以百姓们每年纷纷来到白云观寻仙，这样一直延续下来，成为燕九节庙会的重要内容。

地方神庙是供奉该地方神祇的庙宇，这些神大部是民众崇敬的人物，与百姓的生产生活密不可分。

一是神话传说中的神，如女娲、哪吒等。

二是崇拜的历史人物，如供奉戚继光的戚公祠、供奉岳飞的岳飞庙，妙峰山上供奉的是王三奶奶，他们源于民间，与人民的生活最接近。妙峰山娘娘庙内右边一间供奉着的王三奶奶原是清朝末期天津人，她虔诚信仰碧霞元君又会医术，经常为穷人治病而且分文不取，乐善好施，与人为善，受到天津当地人爱戴，名声很大。某年，她来妙峰山上香时失足摔死，大家认为是碧霞元君把她收走成了仙，于是天津的信徒们为她塑了像，供奉在妙峰山上，成为神祇。

三是行业的祖师，每一个行业都有自己的行业神，行内人对本行业的祖师爷的供奉都十分虔诚。如鲁班是木工业的祖师，杜康是造酒业的祖师，民间花会的每一类行会都有自己的祖师爷，杠箱的祖师是狱神皋陶。

古时将去庙会上烧香拜佛称为“进香”，凡是去庙里的人无论是否烧香拜佛都称为“香客”。关于香会的起源，顾颉刚先生在《妙峰山的香会》一文中有这样的论述：香会，即是以前的“社会”的变相，礼祭是周代以来一向有的，而且甚为普遍，自天子以至于庶人都有参与。

自从佛教流入中原，到处开始塑像立庙。中国人以旧有的信仰和它对抗，就创建了道教，也是到处塑像立庙，把风景好的地方都占据了。游览是人生的乐事，春游更是一种释放心情的活动，这类的情致结合了宗教的信仰，成就了春天的进香，所以南方有“借佛游春”的俗语。因为有了借佛游春的人的提倡，实心拜佛的人更会参加，故促成了地方香市的繁盛。到远处的神佛面前进香即成了风俗，于是固定的“社会”就演化为流动的“社会”。流动的“社会”有两种：一种是从庙中舁神出巡的赛会，一种是结合了许多同地同业的人齐到庙中进香的香会。

民间香会在中国古代的庙会表现有“百戏”“杂戏”“散乐”“社火”等娱乐性活动。北方地区叫“走会”或“过会”，在《旧都文物略》一书中有记载：“年开一市者，多有香会，如秧歌、少林、五虎、开路、太狮少狮、高跷、杠子、小车、中幡等是。”

据清朝的《道咸以来朝野杂记》一书记载：“五月初一日，西城都城隍庙开放，宛平县城隍出巡，至都城隍庙会见，此固荒诞无稽事。然沿街空巷，逐队而观，甚至有各种香会随之，谓之献神。如秧歌、高跷、五虎棍之类。又有舍身还愿者。”

四、民间花会

新中国成立后，北京的民间香会也发生了很大的变化，以宗教和信仰为出发点的民间香会的主要目的已经开始动摇。新中国成立后，国家大力提倡反封建、反迷信，香会的发展基本停滞。

文会（茶棚）已不多见，武会是中国传统民间文艺的表演形式，深受基层群众的喜爱。当时没有电视，电影也不普及，人们的文化生活还比较贫乏，香会中的武技表演部分具有很高的展演性和娱乐性，除去走会时的规范部分，如挑屏、打门旗等，纯武技并没有什么迷信的表演，所以还经常被文化部门邀请参加国家的庆典活动。

在参加群众性活动中，各香会的人们开始琢磨着如果以香会的名义出现，宗教信仰的味道太浓，和国家的政治环境、体制和倡导不相符，是否可以重新起个各方面都能接受而且有时代特色的名字。于是有人提出了“乡会”，改一个字突出了民间的意思，但讨论结果也不是很好，而且有点土气。后来有人提出叫“花会”，因为民间的会档历史悠久而且各个地区都有，名目繁多，花样繁多，“花”字可以代表香会的多样性，而且花会也有鲜花盛开、繁荣的意思，符合国家文化“百花齐放”的方针。名字一经提出便受到了大家的一致认可，花会从字面上看和“花卉”相同，很容易和展示花草植物的展会相联系，于是又提出了在花会前加上“民间”两字，称为“民间花会”。

如今“民间花会”一词基本所指的是武会，作为民间信仰观念的传统仪式来办的武会也淡出了，取而代之的是民间武会表演的技巧展示，

◎ 民间花会踩街表演 ◎

成了民间文艺表演的主力军。当人们提起民间花会时心里想到的是武会的表演内容，而文会的内容现代人已经几乎不知道了，不过在特定的时间、地点，庙会期间还能看到个别文会，民间花会则成了百姓自娱自乐的群众文化活动。

吴效群先生说：“从香会到花会，改变的不仅是名称，作为基础的民间信仰观念不再存在。过去，行香走会的意义在于行香，香会组织是

娘娘庙里的一个‘摆设’，其活动是为老娘娘服务当差的，民间花会则摆脱了宗教的意义，是民众自娱自乐的艺术形式，还原了民间艺术的本来面目。”

第二节

北京地区的民间香会

一、北京地区的民间香会组织

北京的香会始于明朝盛于清朝，每逢年节或遇到喜庆大典以及庙会，便成为有组织的最为热烈的歌舞表演活动。届时，百戏塞途，交通断绝，商人辍市，百业停工，观者如潮，万人空巷。北京的香会又和妙峰山有着不解之缘，每年农历四月初一至十五，门头沟的妙峰山开山朝拜半个月，京城万人空巷，北京周围地区如天津、河北等地百姓也纷纷来朝拜，其规模堪称华北之冠。香会有文会和武会之分，文会有桥道老会、粥茶老会、秀茶老会等，武会有开路五虎棍、少林会、杠箱会、秧歌等。

曹雪芹先生在北京生活多年，对北京的风俗非常了解。在他撰写的《红楼梦》一书中就提到了走会，第一回“甄士隐梦幻识通灵 贾雨村风尘怀闺秀”中有这样的描述：“士隐见女儿一发生的粉妆玉琢，甚觉可喜，便伸手接来，抱在怀内，逗她玩耍一回，又带至街前，看那过会的热闹。”这说明了当时清代北方香会的兴盛情况。

顾颉刚在《香会的分类》中将各类会分成以下几种：修路、路灯、茶棚、缝绽、补锔锡器、呈献庙中途中用具、呈献神用物品及供具、施献茶盐膏药、技术、普通的进香及未详其意义者。

据清代富察敦崇《燕京岁时记》记载：“过会者，乃京师游手扮作开路，中幡、杠箱、官儿、五虎棍、跨鼓、花钹、高跷、秧歌、什不闲、耍坛子、耍狮子之类。如遇城隍出巡及各庙会等，随地演唱，观者如堵，最易生事。”记述了当年武会过会的各档香会的名称和情景。

清代由于朝廷的重视和参与，香会的发展达到了高潮。康、乾年间京城出现众多香会表演活动，到了清代后期，香会已经发展到了百种以上。其中北京有十三档香会最具代表性，它们是：开路（耍叉）、五虎棍、秧歌、中幡、狮子、双石头、石锁、杠子、花坛、吵子、杠箱、天平、跨鼓。

它们都来源于庙中的13种物件：开路（耍叉）是为神佛开道的，五虎棍是为香客开道的，秧歌是庙中做木栅栏的木棍，中幡是庙中的大旗杆，狮子是庙门口蹲守的石狮子，双石头是庙中木栅栏底下的石轮，石锁是庙门的门锁，杠子是庙门内的门闩，花坛是庙内盛水的容器，吵子是庙里的钟楼，杠箱是庙里放钱粮的箱子，天平是用来称献给庙里的供品的秤，跨鼓是庙里的鼓楼。

有一个顺口溜是这样说的：“开路打先锋（耍叉），五虎紧跟行（五虎棍），门前摆设侠客木（高跷），中幡抖威风，狮子蹲门分左右，双石门下行，石锁（掷子）把门挡，杠子把门横，花坛盛美酒，吵子（大镲）音乐响连声，杠箱来进贡，天平称一称，神胆（跨鼓）来蹲底，幡鼓齐动响太平（太平鼓）。”

摘引《金銮殿朝夕》一书中，民间十三档香会有一幅排列阵容图，来表示走会时民间香会边表演边行进的队列，可以看出这十三档香会表示庙里物件的位置，杠箱会的位置在该图的中后部。

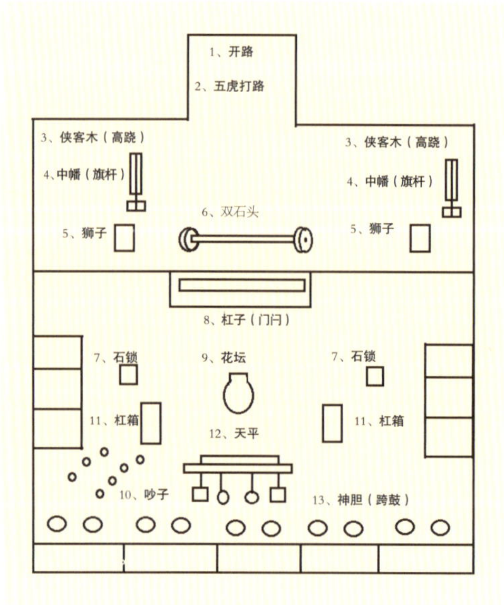

◎ 十三档排列阵容图 ◎

民国时期又增加了三档，它们是旱船、踏车会、小车会，分别代表旱船从河上为庙里运钱粮、踏车为庙里催讨钱粮、小车从陆路为庙里运钱粮。顺口溜又增加了一句："门外旱船把驾等，踏车、云车紧跟行。"十六档会中有四档是武会中的文会。

二、"三山五顶"——北京民间香会走会的场所

"三山五顶"是北京地区著名的元君庙所在地，是北京庙会的重要场所，是北京民间香会走会献艺的主要场所。"三山"即平谷的丫髻山、门头沟的妙峰山、石景山的天台山。

◎ 妙峰山娘娘庙 ◎

明清时期，北京建有众多的碧霞元君庙，其中最著名的五座庙号称"五顶"。"五顶"分为东西南北中五处：东直门外为"东顶"（位于东城区东直门外今华都饭店南，现已无存）、海淀蓝靛厂处为"西顶"（位于海淀区蓝靛厂一座商业大厦的北侧）、南苑大红门外为"南顶"（现已无存）、安定门外为"北顶"（位于亚运村西侧的国家游泳中心"水立方"南侧）、草桥东为"中顶"（位于丰台区右安门外草桥中顶

村），康熙皇帝封妙峰山娘娘庙为"金顶"，地位最高，妙峰山居于五顶之上。《帝京景物略·卷三·弘仁桥》记载，京城的元君庙，"麦庄桥，曰西顶；草桥，曰中顶；东直门外，曰东顶；安定门外，曰北顶。盛则莫弘仁桥若，岂其地气耶"。乾隆年间，南顶由弘仁桥元君庙转移到大红门外元君庙。每年春季的四月初一至十五和秋季的七月十五至八月初一的两次庙会，是北京的代表性庙会。

◎ 北顶娘娘庙 ◎

"五顶"在明清及民国时期是北京人生活中重要的庙市文化、商贸、旅游活动地区。在《帝京岁时纪胜》一书中有一段描写："六月朔日，各行铺户攒聚香会，于右安门外中顶进香，回集祖家庄回香亭，一路河池赏莲，箫鼓弦歌，喧呼竟日。"通过该文字的记述可以看到人们去中顶进香时的欢乐心情，以及在百姓的生活中庙会的重要作用。过去许多梨园界名角儿如梅兰芳、杨小楼等都曾去过妙峰山的喜神殿，为喜神挂帐子。

《民社北平指南》一书写道："走会又名武会，为民间最热闹之杂戏，亦即民间有系统之艺术。各种歌舞技艺五花八门，均有活泼之精神，而不染营利之思想。会中人员具有坚实勇敢之精神，表演各种艺术均极精彩，于民间艺术中占有雄厚之势力。每逢山坛庙集开会时，或一村一处有典礼庆贺时举行走会，而城外各村亦有例年行之者。其为民间调剂艺术者，以妙峰山及左安门外之十里河地方为最盛；由绅董礼请各会表演以助兴趣者，如永定门外之中顶、南顶等；观者均有万人空巷之势。”

因兵部杠箱会在庙会期间走会主要是以妙峰山为主，所以以下涉及庙会部分将主要以妙峰山庙会为主要内容。

第三节

皇家香会

一、皇家和官家参与香会

中国大地上庙会活动甚是普遍，而且庙会的作用之一是善化百姓，对统治阶级也是有利的，所以当权者也参与进来。

清朝皇帝通过赐额、封号、建庙等形式，将其纳入朝廷的范围。清康熙皇帝敕封妙峰山为“金顶”，让妙峰山碧霞元君庙一夜之间变为北京地区碧霞元君庙的首位。有了康熙皇帝的敕封，妙峰山也受到了后来皇家的恩宠。乾隆三十八年（1773年）四月初八，皇六子质亲王永瑢到妙峰山进香，并且写下了“妙峰山天仙圣母宫碑碣记”的碑刻。随后嘉庆皇帝亲书“敕建惠济祠”。同治十二年（1873年），皇后为年幼的同治皇帝祈求平安，据说还真治好了发痘的同治皇帝。此后，慈禧太后到妙峰山进香，并题匾“泰云垂荫”“慈光普照”“功侔富媪”送给了娘娘庙。朝廷的推崇，大大提高妙峰山庙会的地位。

以下为皇家、官家介入庙会的证据碑刻。

乾隆二年（1737年）五月，保福寺引善圣会碑，吏部堂主事傅延资撰。

乾隆三十八年（1773年）四月初八，妙峰山天仙圣母宫碑碣记，皇六子书。

《香会序》碑云：“己巳春三月，里人杨明等诚卜吉共进楮币于妙峰山天仙圣母之前，因勒石纪同事姓名传诸不朽，而请予数言为序。强之至再，终不得辞。于是起而告之曰：公等此举宁非为邀福于神乎？夫神之能为人福与否，公等之以祀事求福而神即为之降福与否，予愚不足以知之。予所知者，独此孜孜求福之一念，则固有可以得福之理耳。尝思朝廷之赏罚并日月，信若四时，非如鬼神之不可知也。而人之甘蹈法网，自取罪戾者比比皆是，乌在所谓求福也者。今公等于鬼神不可知之事，犹且若见若闻，小心敬事如此，况乎悬诸令甲，昭然在人耳目之间者哉？则由此求福之一念推之，其为家之孝子悌弟，国之良民善士无疑矣！他日衣丰食厚，长养子孙，求福而得福，即所谓圣母之默佑其衷，亦可也。故推广其意，使诸君之姓氏不闻于当时，而传于后世。用是备其书其始末云，而为之序。钦差督理街道工部营缮清吏司主事张献纂并书。康熙二十八年三月谷旦。”

金勋在《妙峰山志》中写道：“其香火兴盛，原因有二：皇朝倡之于前，太监势利从之于后。至同治三年（1864年）,有权监安德海修妙峰山中道。由大觉寺往上，开成山道，宽约七尺，用方石砌成石磴，旅者称便。至光绪十八年（1892年）太监刘诚印者，号素云道人，俗称‘印刘’，捐资修中北道。由北安河往上至涧沟，道宽七尺，砌成层磴，至光绪二十二、二十三、二十四年，慈禧太后传看各种皇会十二项。表演团体七十余堂，会众近三千人，可云盛矣！”

奉宽写的《妙峰山琐记》中有一段：“每山期，庙门未启，王侯中贵，于元君前竟上头香。孝钦显皇后，尝为穆宗祈痘于此。先期预嘱庙祝，必俟宫中进于香后乃开庙，谓之‘头香’。佚名宫词：‘彩旗八宝焕珠光，浴佛新开内道场。昨夜慈宁亲诏下，妙高峰里进头香。’头香，亦见闲斋氏《夜谭随录》。”清朝的统治者亲自到妙峰山娘娘庙去朝顶进香，对于妙峰山庙会的发展无疑起到了推动作用。皇室的参与，国家管理机关的加入，从严厉禁止到鼎力支持，起到了引领作用和促进作用。

沿途设碧霞行宫，施粥茶供客食宿，曰“茶棚”。纠合师朋党，酬神献供，为“文会”。结客少年，搬演社火，为“武会”。通过此段我们可以看到帝后和香客们一样也去妙峰山上香祈福，当然他们用权力抢到上“头香”资格，说明了妙峰山庙会受到皇家的推崇。

二、皇会的产生原因

清朝统治阶级对民众的聚集性活动还是有所顾忌的，怕引起政治上的问题，如对治安、社会风气都会产生影响。在《清实录》第三册有一句话："京师辇毂重地，借口进香，张帜鸣锣，男女杂还，喧填衢巷，公然肆行无忌，若不立法严禁，必为治道大蠹。"顺治时期就表示了对进香的担忧。

嘉庆年间，由于民族矛盾、社会矛盾尖锐，曾发生过白莲教起义。嘉庆十八年（1813年）白莲教的起义军，在宫内太监的接应下，曾经攻入北京的紫禁城内，差点将皇帝抓住，后来被清兵镇压，没有推翻皇室，却使皇帝受到了惊吓，于是朝廷对宗教活动极度敏感起来。妙峰山大型民间活动聚集人数众多，又涉及宗教信仰，离北京又很近，一旦被人利用将直接威胁皇家政权的安危，后果十分严重，因而朝廷找各种借口进行限制。

据《妙峰山庙会》一书介绍，道光皇帝曾下旨："此等无知愚民，不明福善祸淫之理，以为敬神进香，可邀福庇，即难保无奸宄之徒从中煽惑。为会首者，藉此敛钱聚众，必至滋蔓难图，实不可不防其渐。业经获案，自难置而不问。朕思惩之于后，不若禁之于先。著直隶、山东、河南各督抚转饬地方官，出示剀切晓谕。该民人等各安本业，即可受福。断不许结队成群，越境来京烧香。如仍蹈前辙，即将为首之人严拏究办。总责成该地方官平日善为化导，端其趋向，齐其心志，庶几经正民兴，日臻上理，朕实有厚望焉。将此通谕知之。"这是官方首次对妙峰山庙会进行限制，并由皇帝亲自下旨。

咸丰二年（1852年），御史伦惠上本启奏，由于各种香会表演大多依据戏剧的规矩，穿着明朝的汉族服装，朝廷怕人们因此而引起对前朝的怀旧情感，而对此严加限制。正月三十日，咸丰皇帝传旨："乡民春秋报赛，诣庙烧香，原为例所不禁。若如所奏，匪徒以走会为名，装演杂剧，以致男女混淆，于风化殊有关系。著步军统领衙门、顺天府及西北城各御史，先期出示晓谕，如有前项匪徒，即行拿究惩办，仍不准差役人等籍端扰累。"

同年，妙峰山庙会前夕，步军统领衙门和顺天府贴出告示，禁止在妙峰山春、秋两季庙会期间进行走会活动，并派出兵丁捕快沿途设卡，进行检查。

北京地区寺庙数量较多，有庙会活动的也不在少数，光是供奉碧霞元君的庙就有很多处，唯独妙峰山被朝廷所重视，主要是因为妙峰山庙会的影响实在太大。庙会期间人数达几十万，即便朝廷禁止也挡不住上香的人心。清朝后期，国家内忧外患，统治者也认识到“堵”不如“疏”，高压严禁倒不如因势利导，到了清朝后期连皇家也加入了妙峰山庙会的活动之中，促进了民间香会的发展。

三、皇会的发展

其实在汉唐时已有了皇家办的表演团体，只不过不叫“皇会”而叫“宫廷教坊”。根据记载，汉唐时已设立有官办的规模宏大的宫廷教坊，演练乐舞、杂戏等。

宋朝由于金人的南下，朝廷办宫廷教坊已无可能，于是撤销。但是朝廷在举办庆典活动时没有演出又有损宋朝的地位，于是从军队和民间调集艺人表演并纳入到军队中。军队直接由皇帝管理，司分为十军，其中的左右二军就是负责百戏乐舞演出的，被称为“诸军”。宋朝孟元老所著《东京梦华录》一书说：“所谓左右军，乃军师坊市两厢也，非诸军之军。”就是说左右两军是官府办的负责演出的军队，相当于当今的文工团，领取军饷。左右二军表演的节目众多，有上竿、趯弄、跳索、倒立、折腰、踢瓶、筋斗、踏索、飞弹丸、杂旋等。

在《东京梦华录》的“驾幸临水殿观争标锡宴”一文记载：“驾先幸池之临水殿锡宴群臣，殿前出水棚，排立仪卫。近殿水中，横列四彩舟，上有诸军百戏，如大旗、狮豹、棹刀、蛮牌、神鬼、杂剧之类……”“驾登宝津楼诸军呈百戏”一文也记载：“驾登宝津楼，诸军百戏，呈于楼下。先列鼓子十数辈，一人摇双鼓子，近前进致语，多唱‘青春三月蓦山溪’也。唱讫，鼓笛举一红巾者弄大旗，次狮豹入场，坐作进退，奋迅举止毕。次一红巾者，手执两白旗子，跳跃旋风而舞，谓之‘扑旗子’。及上竿，打筋斗之类讫……”

据民间的传说，皇会最早出现在明朝。北京右安门外白纸坊的龙凤呈祥跨鼓老会，是明朝时皇帝朱棣进京时带来的皇会，永乐皇帝御赐其

“神胆”名号，清朝皇帝御赐其“万寿无疆”封号，说明皇会的建立是具有连续性的，明朝、清朝一直都有，只不过数量不多，只是到了清朝后期在京津地区较为普及，数量较多。

当时的咸丰皇帝也看到了通过行政命令控制不住民间香会的走会活动，于是转变了态度，每年在颐和园北宫门，观看朝顶进香返回的表演队伍的表演，有些香会还被传入颐和园内表演，称为“献档”。慈禧太后也非常喜爱香会的表演。每年北京妙峰山走会时，各路民间香会齐聚妙峰山，回来时各香会要路过颐和园北宫门，并且一边走一边表演。慈禧太后听见锣鼓声后，极想看走会表演，但不能随意出去，于是在颐

◎ 各路香会在颐和园门外表演 ◎

和园内临墙建了眺远斋，居高临下隔墙而望。外面的香会知道慈禧太后在看他们的表演，于是演得更加起劲，还在广场上特意停留表演，慢慢形成惯例，香会过此地时，必在外面展献技艺。慈禧太后就在颐和园的城楼上观看，有时还命各武会进入颐和园表演。经皇帝和太后看过的会被称为“皇会”，可以配黄旗、黄幌，在会名上加上“万寿无疆”的字样，可以打出画有龙的旗帜，笼幌也可以用黄色，而黄色是皇帝专用的，所以各会都会绕道经过颐和园，以企盼得到太后的青睐。

奉宽，号小莲池居士，出生于1867年，曾任职于清朝海军部，民国以来从事历史研究，曾执教于北京大学、燕京大学，自1914年起，每年上妙峰山赶庙会、抄碑文。奉宽于光绪丙申年（1896年）奉母朝山，1914年以后又连年与妻子和儿子同去，因此他对庙会有30余年的见闻和经验。奉宽在《妙峰山琐记》中写道：“大有庄娘娘庙‘三村合议’茶棚，有道光八年（1828年）仲夏碑。庙直颐和园东北角。光绪中叶，每山期逢驻园，则朝山各社火献技于此，两宫隔垣亲览焉。”奉宽在《妙峰山琐记》中又写道：“凡社火……又以曾经奉御者为‘皇会’，许用黄旗、黄幌，且以‘万寿无疆’四字标榜其笼望焉。”

朝廷各衙门也积极地组建武会，去妙峰山朝顶进香。其中最著名的、地位最高的是京城内八档香会，其次还有官办的十档香会及皇亲国戚、官员自己投资办的香会。内八档皇会打着黄旗去妙峰山朝顶进香，代表了皇家和官府，已经超越了民间这个概念。

关于内八档的起源也有一种传说。清朝时十三贝勒守皇陵，每年到了正月十五元宵节赏花灯时，他便带着随行的八旗子弟去逛灯会。他看到有民间香会正在走会表演，于是来了兴趣，觉得自己这帮人都是有武功的，练这些香会的技艺肯定没问题，反正守皇陵也无事可做，不如练练这种技艺，所以回来后就操练起来，于是内八档就这么给弄出来了。他又给各会起了名字。后来随着八旗子弟的人员调动，慢慢发展到王府六部里，一个部里出一档，最终形成了内八档香会。关于该传说是否属实，笔者没有经过考证不能妄加评论。

内八档香会没有文会，只有武会。武会通过酬神娱人献档表演，他们秉持“车笼自备，茶水不扰，分文不取，毫厘不要”的原则，把进香当作一次使命。《妙峰山志》记载：“由乾隆至光绪二十年（1894年）止，沿各路进香之茶棚，已达三百数十所之多，文、武皇会达一百七十余堂。”这与百姓对皇会的名分追求相关。

1929年北平民社出版的《北平指南》一书写道：“旗之作蓝色者，称为蓝旗蓝幌，黄色者为黄旗黄幌，但黄旗在走会声誉中最称名贵，前清时非曾经圣览或举贺黄旗者不得滥用。”

封建王朝是通过科举取士，军队是通过立军功晋升，普通百姓无缘进入朝廷受到皇家的垂爱，更别提什么封赏，甚至见到七品县令都不是容易的事情。但是民间香会做到了被皇帝观赏，还受到了皇封，跟皇家拉上了关系，被称为“皇会”，使百姓的心中得到了极大的满足，荣誉感油然而生，如同自己的地位直线攀升，甚至是几代人津津乐道的事，也是家族的荣耀，这是皇会被保留下来并绵延不断的重要原因。

清朝统治者为了维护自己的统治，缓和满汉矛盾，施展出笼络人心的手段。一个封号对于皇帝而言无非是一句话、一点赐品，但却得到了民心，缓解了社会矛盾，又不用皇家掏钱养活香会，香会又到处宣扬皇帝的恩德，何乐而不为呢?

皇会的出现，冲击了传统行香走会价值标准，使皇会成为行香走会者追逐的最高目标。清朝时的皇会气派十足 ，不仅有皇帝专用的象征物品，还有着至高无上的权力，在等级上也高出民间香会。例如凡是敢闯皇会的人打死勿论，碰到皇上驾崩等丧事，全国娱乐停止，但是皇会可以不受约束照样走会。按会规，回香的要让保香的，前面已经走着的会，后面的会档是不能超越的。民间的香会如在走会的途中遇到打着黄旗黄幌的皇会时就要给其让道以示尊敬，在皇会面前会规也变得脆弱了。若民间香会之间发生问题争执，按规矩，经验丰富的老会才能被邀请来做仲裁者，但皇会的出现，再次突破了规矩，要请皇会来评判、调解、仲裁，皇权代替了会规。北京杠箱的传承人黄荣贵曾给笔者讲过一个故事。当年东华门开路圣会还没正式成立，没有贺过会，是“借值”上的妙峰山，路上正好遇到皇帝，于是演员们在道上给皇帝进行了表演，皇帝看了后非常高兴，御赐金叉头给该会档。可皇帝并不知道他们是“借值”上山的并不是真正的工规会档，于是该会也不需要经过贺会仪式了，香会界也只有默认，因为皇上都封赏了，没有哪个会敢不承认。

皇权在香会界显示了它的至高无上的力量，可见皇会的地位之高，所以走会的人千方百计要跃入皇会之列。

香会是文化艺术的一种表演形式，文化是具有意识形态的范畴，所以抓住了意识形态就可以控制人们的行为，统治阶级也懂得这个道理，开始注意引导文化艺术的发展，于是官办的香会应运而生。人员由各衙门的工作人员担当，经费由官方出，场地由各衙门负责，就是后来的内八档香会。它对民间香会起到了主导、引导和促进作用。（1）内八档香会和皇家保持一致。内八档香会的演员都是拿国家俸禄的官府的人，肯定要维护皇家的利益，也是最听话的团体。（2）彰显了皇家与民同乐的亲民形象。香会在全国盛行，历史悠久，是民间的文化结晶，皇家组队参加，拉近了和百姓的距离，增加了百姓对皇家的认同感，树立了政府良好的形象。（3）走会中不安全因素有所净化。香会屡次发生治安事件，歹徒借走会之名，多发生抢劫等刑事案件，而有官办的香会参与，相对来说保险系数大一些。

四、皇会的分类

《妙峰山志》一书中《皇会各种分类》一章中写道：“行香走会有文武歌唱之分，献供舍物之类，是为文会，练各种技术是为武会。如什不闲秧歌，是为歌唱会，各会组织大纲规则稍有不同，如秧歌一堂，其应用人位，则有会首一名，前引四名，钱粮把儿八名，耍手二十八名，共四十一名……如兵部杠箱会一堂，人位用六十二名……”通过记录可以看到香会中组织的严密，人员专业分工的细化以及责任的明确。

五、皇会的组织形式

皇会也是分档次的，有高低之分，主要分为三个档次，最高档的是可以在皇帝登基大典等国家重大活动仪式上于皇宫太和殿表演的香会，也就是内八档。第二档次的是可以进颐和园参加皇家的寿宴，如皇后生日、皇子生日等家庭、节日类庆贺活动表演的香会，这些会有官办的，也有被封为“万寿无疆”字样的民间香会。这个档次的香会是不能去太和殿表演的。最低档次为皇帝看过的受过皇封的香会，比如皇帝出巡，在庙会上看到香会正在表演，觉得不错就封个号，赏一个黄马褂。这个档次的皇会的表演人员是不被供养的，只有一个好听的名称而已。

第四节

当代的民间花会

一、敬佛表演仍然兴盛

在现代社会，随着国家实行宗教信仰自由，庙宇文化、旅游文化的发展，一些名山佛寺越来越兴旺，每年的长假更是吸引了广大游客。随着人们收入的增加，敬佛的事务逐步发展，敬佛的表演也越加兴盛。每年民间花会一般都要去参加庙会的走会表演，弘扬了传统文化，也带动了庙会文化的发展，受到了百姓的欢迎。例如笔者去五台山调研，每次在五爷庙参观时都能看到院内戏台上有表演，是香客捐助的演出，其目的一是敬佛，二是为广大香客表演。

◎ 山西五台山五爷庙戏台表演（香客捐助的演出）◎

二、演员的信仰

民间花会走会是敬佛，同时也是为庙里服务的一种艺术行为。笔者经常和花会会首及会友（演员）聊起他们为什么参加花会演出。他们的回答基本相同：一是喜欢花会的表演艺术，二是为香客们表演感到很充实，至于是否信佛、祈福纯粹属自愿。

三、民间花会技艺不断发展

新中国成立后，民间花会也融入了新的时代精神，用传承的纯民间艺术的技艺形式，展现和讴歌了祖国的大好形势和人民的欢乐心情，与国家的文化发展相一致，促进了群众文化的发展。“文化大革命”期间，民间花会被禁止，仅艺术技巧还有部分保留，但只能在杂技团等地方看到，如隋少甫的万里云程踏车老会的技术在杂技团的自行车表演仍有体现，这也得益于隋少甫当年的传授，而走会的形式基本消失。改革开放以后，国家提倡文化多样性，为民俗文化的发展和传承提供了良好的机遇和环境。民间花会在这样的良好氛围中又重新走向复苏。

四、民间花会的经费来源

走会就要花钱，需要一定的经费，钱从哪儿来，是决定花会保持自身独立性而不被利益驱使的重要保障。

一般经费来源主要有四种渠道：一是民间集资，由村民、商铺和会友筹集香资，捐钱献粮，多少不限，只是表达心意。二是会首（香首）出资，隋少甫先生是万里云程踏车老会的会首，曾为了走会卖掉了祖上传下的房产。三是官办，即费用由各衙门出，只有清朝的内八档香会和官办香会可以办到，当然也存在一些特定的情况，由政府出资举办走会活动。四是参加各种活动、比赛的补贴或劳务费，用来周转妙峰山走会的费用。

五、人员的结构问题

如今花会演员们的人员结构有所调整，大量退休人员参加了传统花会表演。凡是不需要太多体力的角色几乎都由退休人员来完成，退休人员也很愿意参与进来，这样就大大地充实了花会演员的队伍，外出走会表演在时间上也有了保障。例如杠箱会中除了抬杠箱官的、耍杠箱的、杠箱官三部分人之外几乎全由退休人员组成。因为年轻人平时要上班，外出走会、训练的时间常受到限制。

群英同乐小车圣会同样也是以退休人员为主，众友同心中幡圣会由于技巧性较强，基本上都不是退休人员。有人曾担心非专业人士的加入会影响此行当的发展，但事实上退休人员的加入反而增加了民众的

◎ 群英同乐小车圣会在妙峰山表演 ◎

兴趣。

六、会规在简化

当代民间花会的会规也被大大简化，传统的庙会走会要讲究会规，而现在参加庆典演出和舞台演出由导演或主办方规定，并不需要会规来约束。

科技的发展也使会规在不知不觉中产生着变化。现在演员们从城里去妙峰山走会基本乘坐汽车，很多按会规设定的职务已经发生了变化，或者已经不再起作用。比如说以前演员乘坐大车，需要设立大车把儿，现在演员们都是坐汽车了，两个小时就到妙峰山上，管理车辆已不是问题。再如忠和把儿的厨师功能也基本用不上了。另外，一些规矩也产生了微妙的改变，大车上打旗儿被简化了，现在到妙峰山将汽车玻璃摇下，旗子伸出窗外去，表示是走会的花会就行了。

◎ 妙峰山走会会旗 ◎

七、生存和传承问题

当代民间花会有一个共性，就是花会蓬勃发展的地区往往是经济相对落后的乡村。城市中越是中心城区，商业大厦高耸的地区，民间花会越是销声匿迹。人是民间花会最重要的因素，民间花会以前多依靠血缘、地缘起纽带作用来传承，现代城市中人与人的关系越来越淡漠，住家不知对门是谁已成为普遍现象，人情关系随着各个家庭的独立也越来越疏远。

在现代城市，人们的爱好呈多元性，花会成员的纽带主要依靠人们共同的志向和爱好，这是民间花会发展到一个较高层次的体现，所以演员们在报酬等方面不是很计较。而农村靠的是地缘，一个村从小到老都是这一个会，以一个会的意志代替了大多数村民的意志。现在民间花会作为一个公益性项目，丰富了人们的文化娱乐生活，传承着民间技艺，也正在适应当代社会的发展方向，不断地进行着自身的调整。花会组织逐渐失去了宗教色彩，转变为纯艺术的文化娱乐组织。笔者曾经多次问北京杠箱的演员及群英同乐小车圣会的演员为什么要玩儿会，他们的回答基本一致：爱好玩儿这个角色，最大的心愿就是能多玩儿几年会。

当然，在每个会里，家族传承一直是花会组织传承的重要方式，可以保证花会组织管理严密，保持人员的稳定。如黄荣贵是兵部杠箱会的会首，儿子黄勇是演抬杠箱的演员，外孙也加入其中。孙忠喜是群英同乐小车圣会的会首，孙夫人及女儿都是主角。

凡是纳入非物质文化遗产保护名录的项目，普遍受到了政府的资助，社会的关注，媒体的追捧，使民间花会又迎来了新的春天，焕发出民间艺术的活力。隋少甫和笔者说他一生最大的心愿，就是要恢复兵部杠箱会，直到他去世也没有实现。两年后，他的徒弟黄荣贵、赵宝琪实现了他的心愿，这得益于政府力量的支持。时任北京群众艺术馆副馆长的石振怀得知兵部杠箱会的情况后，曾亲自到隋少甫的家中拜访，组织有关人员去天津调研并做出了重要的指示和安排，原崇文区文化委、文化馆、文联和崇文门外街道联合组织上下联动，终于在2007年恢复兵部杠箱会的演出。没有非遗保护工作的全面开展，没有政府的投入和参与，隋少甫的心愿可能很难完成，我们也就无缘再观看到兵部杠箱会的盛况。

八、传统渊源印记更加深入

大部分现代花会表演都能获得经济收入，但是去妙峰山走会是分文没有的，还要自己搭钱，但传统会档和新会都会坚持参加，因为妙峰山进香是花会悠久历史传统的体现，是北京民间花会意义价值的体现，也是标榜该会地位的重要手段，能够在妙峰山上立碑更是该会的荣耀之事，它代表了该会的地位、历史和虔诚程度。1997年至2014年，笔者几乎每年都去妙峰山，都会看到立碑的数量在增加，从经济上各会都有钱了是好事，从另外的角度说，也是花会走向成熟和技艺传承的体现。

九、北京民间花会的圣地——妙峰山的变迁

金勋在《妙峰山志》中写道：“七月二十一日八国联军攻破北京，太后同光绪帝西狩，秩序大变，因此妙峰山香火衰败数年后稍有增进，比从前则差甚远矣。至民国五六年以后人数又多了起来，已有恢复旧观

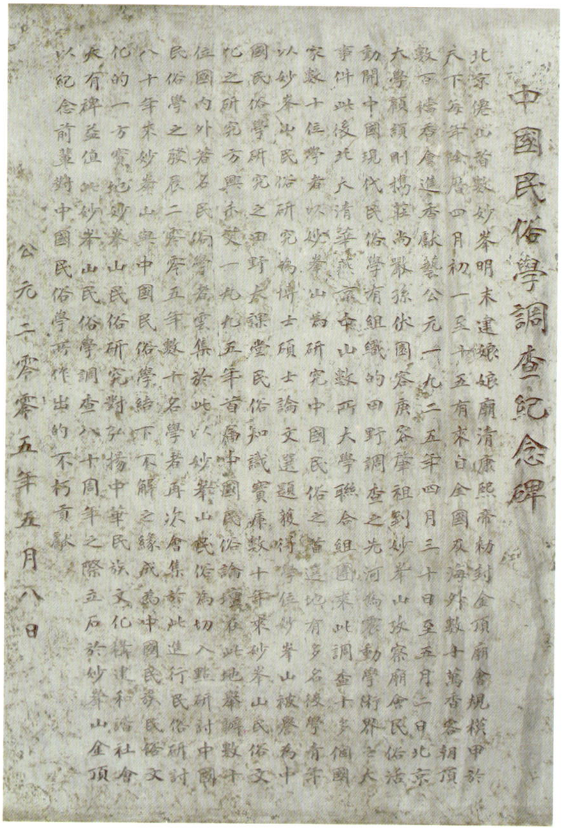

◎ 中国民俗学调查纪念碑 ◎

之景象。”民国初期，北方地区社会还算安定，有过一段民间花会的高潮时期，顾颉刚先生等一大批学者对民间花会的调查相继开始，写了一些材料，如《妙峰山进香报告》，直到今天仍是民间花会和妙峰山庙会的权威文献。妙峰山顶还立有进香纪念碑。2005年，中国民间文艺家协会、中国民俗学会、北京民间文艺家协会和北京大学等六个单位共同在妙峰山立下了中国民俗学调查纪念碑，碑上书“源缘”两字。“源”表示妙峰山是中国民俗学研究考察之源头；“缘”表示中国民俗学与妙峰山有不解之缘。

正如江绍原先生所写的《北大风俗调查会“妙峰山进香专号”书后》一文中指出：“至于关系于现今的民众宗教的研究，则顾颉刚先生的妙峰山香会调查，在邦人中只怕是绝无仅有的。”

在各种文献记载中可以了解到，抗日战争时期，香会活动陷入萧条，很少有人再走会，上妙峰山甚至在当地表演都很少。抗战后由于内战的爆发、社会的动荡，百姓已无稳定的生活环境，哪儿还有心情走会。1949年新中国成立，民间花会才得以复苏，在开国大典游行的庆祝活动中再次出现。"文化大革命"时期妙峰山庙会基本停办。

20世纪90年代初，由北京四位德高望重的民间花会老会首联合组织恢复了妙峰山朝顶，他们分别是秧歌会的卢德瑞、茶会的白德山、自行车会的隋少甫、狮子会的费文通。

十、妙峰山重燃花会情

妙峰山的庙宇一度废败。1989年妙峰山娘娘庙经过当地百姓修缮一新，庙会重新恢复。尽管规模有限，只有一个院子和一个大殿，但复苏的春风已吹开了百年妙峰山庙会的序幕。住在妙峰山娘娘庙山下涧沟村的人们企盼着那个使他们魂牵梦绕，令他们引以为豪的辉煌盛况的重现。

北京民间花会的老会首隋少甫正为不能上妙峰山走会而遗憾时，得知妙峰山娘娘庙已经恢复，十分兴奋，联合了几个老会首，于1990年春来到涧沟村里探讨此事。涧沟村正想找民间花会来表演，于是双方一拍即合，隋少甫和白德山等几个老会首一起提前到了妙峰山，考察路线和场地的情况，并制订了周密的计划。隋少甫找黄荣贵商量走会的事，得到了黄荣贵的支持。1990年庙会期间，他们找了一辆卡车，拉着道具及一行人直奔妙峰山。从涧沟村到山顶没有多远，现在马路修得好，有五分钟就能平稳地开车上山顶，但是当时道路崎岖，宽度极窄，只能勉强供一辆车通过，而且是不平的山间土路，就这样颠着开到山顶，路上还出现了几次汽车开锅的情况。到了庙里已是人山人海，村民们都想亲眼看看仰慕已久的民间花会。众友同心中幡圣会及其他八档会成为了大庙修缮以来第一拨来此表演的会档，黄荣贵和儿子黄勇及该会几名会友也被这场面所打动，纷纷展演绝技，村民们看得津津有味。中午他们简单地吃了点自带的干粮就赶紧下山了，因为当时对民间花会在庙会中的表演还有很多认识上的争议，隋少甫他们也怕太张扬惹事，所以也早早下山，当天返回城内。之后几年，庙里盖的房子多了起来，可以住宿了，他们来表演，有时晚了就住在山上。但是生活条件还是很艰苦，他们自己架锅做饭，偶尔还用带来的油和村民们换点儿土特产和蔬菜吃，倒也别有一番风味。

由于政府的重视，1993年妙峰山庙会正式恢复，走会已合法化，各方面条件逐渐好转起来，但是我们依然不能忘记当年第一次上山走会的人们，他们是现代妙峰山庙会的开拓者。如今，妙峰山庙会已是京西旅游和传统民俗的一张名片，给当地带来了巨大的经济利益。没有这群走会人的努力和开创，就不会有今天已列入国家级非遗保护名录的“妙峰山庙会”。

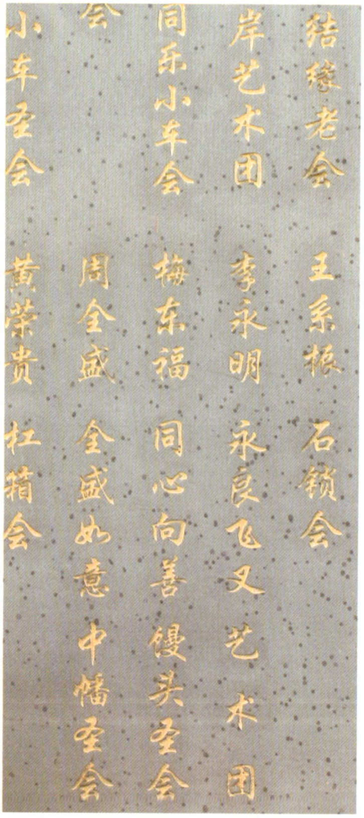

◎“功德榜”墙上的杠箱会◎

在妙峰山庙内有一面“功德榜”墙，记录着当年为妙峰山做出贡献的会档和人们，其中与北京杠箱有联系的就有三位，他们是隋少甫——万里云程踏车老会，黄荣贵——众友同心中幡圣会、杠箱会，赵宝琪——同心合缘五虎打路。

第五节

杠箱会的渊源

一、杠箱会的分类

杠箱会按照非物质文化遗产保护的相关规定和民间艺术的分类，属于民间舞蹈类。舞蹈是人类最早产生的艺术形式之一，它的产生伴随着人类发展，是人类用以传情表达心意的一种方式。原始人类由于生产力的低下，对自然界灾难充满着恐惧和困惑，把一切寄托神灵，于是原始宗教开始发展。而祭祀是其主要的崇拜表演方式之一，祭祀舞蹈亦包括在内。为了和神灵沟通，了解和预知神灵的指示，架构人与神灵之间桥梁作用的巫术也随之出现。“巫”字的解释为“女能事无形，以舞降神者也”，从已出土的甲骨文中也可以看出，“巫”和“舞”原是同一个字，商朝时人们在祭祀时所跳的舞蹈称“巫舞”，在当时备受推崇。

现今完整的杠箱会表演由耍杠箱和杠箱官（灯官）两类技艺共同组成。耍杠箱在全国流传广泛，主要以北方为主，如河北、山西、河南、东北等，经过百姓的加工和变异所属种类很多，统称为杠箱类的技艺，以传播最为广泛的河北省为例就有12个种类。据《河北舞蹈史》一书记载，有抬杠、抬花杠、抬杠箱、抬皇杠、杠子、杠子官、别杠、竹杠、杠歌、杠马、抬杠杆、七品芝麻官等。舞蹈和武术结合表演的杠箱官类有灯官、撅官、灯官舞、跑灯官、独竿轿等。《奉天通志》卷九十八记载：“灯官按一人扮官府骑长木，两人前后肩之而行。扮官娘者倒骑驴背随于后，杂役数人拥护之，沿户查灯，无灯或灯数不足者，罚以元宵千百，受罚者无异词……”

二、杠箱会的产生时代

（一）宋朝的杠箱会

根据有关线索，宋朝时已有杠箱会。笔者在寻找证实杠箱会历史年代的资料时，发现一本小说涉及杠箱会的场景描写。武侠小说《三侠五义》第九十九回“见牡丹金辉深后悔，提艾虎焦赤践前言”中有一段这样描写：“这些田妇村姑谁不要瞧瞧大老爷的威严。不多时，见张立带进一位戴纱帽的，翅儿缺少一个，穿着红袍，襟子搭拉半边；玉带系腰，因揪折闹的里出外进；皂靴裹足，不合脚弄的底绽帮垂；一部苍髯，揉得上头扎煞下头卷，满面尘垢，抹的左边漆黑右边黄，初见时只当作走会的杠箱官，细瞧来方知是新印的金太守，众妇女见了这狼狈的形状，一个个捂着嘴儿嬉笑。”此书是清朝人将搜集的民间流传的文学作品综合而成，收录的内容描述的是宋朝包公的故事。《三侠五义》原名《忠烈侠义传》，清朝无名氏集成，根据说书艺人石玉昆说唱的《龙图公案》及其笔录本《龙图耳录》编写而成，清朝俞樾（1821—1907年）加以增删修订，改成《七侠五义》。在以上的一段文字中明确提到了“杠箱官”一词，而且杠箱官的装束也符合杠箱会中杠箱官的服饰，如上文描述的时代背景和官名无误的话，杠箱会的历史将推溯到宋朝，而不是现在公认的明朝。

艺术来源于生活，文艺作品也可取材于生活。一般小说的作者如记述当时发生的事件，人物、故事可以虚构，而官阶、风俗、名称不会有太多的变化。要是后人写前人几百年甚至上千年的小说，除主要人物外，名称、场景环境准确度不会很高，而且虚构的成分很大。《三侠五义》是根据民间流传的包公故事收集整理的，既然是民间故事，只要不是几百年后的人们凭空想象的名称、官阶、风俗，就应该有其真实的一面。文学艺术来源于生活的原型，所以“杠箱官”一词的出现应该具有一定的真实性。随后笔者就此事询问了隋少甫先生，隋先生激动地回忆：“听我父亲说过，宋朝就有，只是没有找到文字的证据，所以只能说是明朝。”综上所述，杠箱会距今可达近千年历史。

（二）明朝的杠箱会

杠箱会的产生，业界公认为始于明朝，很多介绍杠箱会的文章也是沿用此说法。根据史书记载，明朝确实有关于杠箱会中杠箱官的记录。齐如山先生撰写的《北平怀旧》引《上谷杂诗》中写道：“明武宗在宣府，日盘游无度，常聚乐妓数百人骑从，歌舞道路，间以丝竹。按新声今所传《玉娥郎曲》，乃御制也。灯夜，村庄、城市多立竹木，设‘黄河九曲灯’，男女中夜穿之，谓之销百病。每村镇设立灯官，有司先期给以劄付，皂役舆从，衣服甚都，各铺户醵金为贺。其牌书‘正十品加半级’或数十品不等。灯场有争斗者，许其薄责，开印日缴劄于官。云云。观此，则此事来源已远。”文字中记录了武宗朱厚照于正德十二年（1517年）八月微服出巡到宣府。他隐瞒身份，自称总督军务威武大将军朱寿，常常在晚上到处游荡，同时描述了宣府元宵节灯官的情况是“每村镇设立灯官”，有衙役跟随护卫，牌子上写灯官为“正十品加半级”或数十品不等，如有案件发生由灯官处理判决，展示了杠箱会的表演内容。

（三）其他类型杠箱会的产生时代

杠箱的种类很多，由于受到地域、经济、传承和环境等不同因素的影响，杠箱的演变也是多种多样，在服装、道具、动作人物及形式上也有变异，在不同的地区关于杠箱会产生的历史渊源也有不同的传说。下文举例说明。

抬皇杠——据有关人员考证，抬皇杠可能产生于隋唐时期。隋朝末年，统治腐朽，百姓怨声载道。相传隋炀帝杨广将搜集、掠夺的珍宝（皇纲）装入杠箱送往京城，路经瓦岗寨时，被“混世魔王”程咬金带人马下山劫了这批珍宝。转移皇纲时走的山路较为崎岖，抬杠箱的人便走出了多姿多彩的抬杠舞蹈动作。路线曲折回转形成了队形变换的走势，这就是“盘杠”“串杠”等的由来。

灯官舞——据丹东市非物质文化遗产项目灯官舞表演人员介绍，灯官舞是满族的一种艺术表演，据传在宋朝已存在。清康熙年间，方式济撰写的《龙沙纪略》记载了清朝初年东北黑龙江地区的风俗情况：“上元赛神，比户悬灯。岁前，立灯官，阖屠侩名于神前，拈之。锁印后，一方之事皆所主。文书可达将军。揭示，有官假法真之语。细事扑罚惟意，出必鸣金，市声肃然。官亦避道，开印之前夕，乃自匿去。”相传清乾隆皇帝在民间微服私访，发现元宵节官府放假三天，灯火安全是个大问题，便下令在民间选出灯官负责点灯防火安全的事务，并负责放假期间的治安，于是灯官舞便流传下来。

炎官——传说灯官的前身是炎官，也就是老百姓常说的“火神爷”，因为都管火所以都叫“灯官”。张景林先生在所写《青海社火中的炎官和灯官考》一文提出“灯官前身是炎官”的观点，并做了详细的论述，由此推断灯官历史悠久，是中国古老炎官习俗的演变。

跑灯官——河北阜城县高朝元村的跑灯官已有200多年的传承历史，据传清康熙年间，正月十五元宵节晚上县衙门不办差了，县官和夫人带着众衙役来到高朝元村里看花灯，村里立即敲锣打鼓欢迎县太爷。县官看到各式花灯甚是高兴，并逐一问陪同的村民这是什么灯，代表的是什么意思，村民就说些祈求风调雨顺、人丁兴旺的吉祥话，县太爷非常满意，赞不绝口。后来，村民们就把这一活动沿袭下来。每年的元宵节晚上，以县官观灯为题材，村民们扮作衙役敲着铜锣开道，后边打着大红灯笼照路，跟着举“肃静”“回避”牌和拿着棍的队伍。轿夫们抬着花轿，人们一边走一边扭着，甚是滑稽。

在京剧《打龙袍》中有一段关于“灯官”的唱词。

灯官：嗯哼！奉了包相命，午门扮花灯。在下灯官是也。奉了包相之命，在这午门巧扮花灯。远远望见圣驾来也！

包拯：来，将灯名报上。

灯官：是。大宋天子坐龙廷。包相回朝转，命我扮花灯。

我扮的是：一团和气灯，和合二仙灯；三阳开泰灯，四季平安灯；五子夺魁灯，六国封相灯；七子八婿灯，八仙过海灯；九子十成灯，十面埋伏灯。这个灯，那个灯，灯官我一时报不清。往后瞧，又一层，吕布戏貂蝉，大闹凤仪亭。瞧了一片又一片，昭君打马和北番；看了一套又一套，看看雷打了张继保。

《打龙袍》说的是宋朝包公的故事，该段是包公借灯官的嘴来引出不忠不孝之人而达到预期的目的。在宋朝包公的故事就已经出现了灯官，可见“灯官”一词出现已远远早于清朝了。

颠杠——河北石家庄井陉县赵庄岭的颠杠，据说始于明朝嘉靖年间。明正德十年（1515年）皇帝病情加重，生命垂危，急忙调堂弟朱厚熜进京。正月二十四朱厚熜途经赵庄岭时遭遇险情，到火神庙中避过一劫。回到京城，朱厚熜当了皇帝，年号嘉靖，封火神庙为火帝正君并重修庙宇，赐予銮驾，定正月二十五为祀典日，于是庙会诞生，每年皇帝派遣官员送皇纲以资助。为了纪念此事，赵庄岭人每年以表演颠杠的形式来再现当日情景。其中还设立了一个七品县令及两个衙役参加表演，县令做检查杠箱等表演动作，衙役负责跟随保护；又将象征着皇权的銮驾、龙凤旗、龙虎牌等“全罗执事”以及“纲”队之“杠”制成道具，由村民演练。经过艺术加工现已成为赵庄岭的一项民间品牌活动。笔者和赵庄岭皇纲传承人谈起起源问题，他说：“在汉朝就有颠杠，只不过没有证据，专家们并不认可，所以只能界定为明朝时产生的。”

◎ 河北石家庄井陉县赵庄岭的颠杠表演 ◎

◎ 赵庄岭皇纲节上的杠箱官 ◎

民间表现杠箱的题材很多，在文学作品、绘画、剪纸、戏剧等方面都有体现。在河北省武强县年画博物馆就收藏着一幅清朝的年画《杠箱官》，画中两只猴子抬的单杠上坐着一个清朝的官员，滑稽有趣逗人发笑，描述的是春节走会时律官正民，表现戒赌禁烟的场面。还有表现讽谏意味的年画，如一个穿着官服的猴子，打着“禁烟中”的旗子，演出一场闹剧。此图以猴子扮演，意在讽刺清朝昏庸官员。这幅作品主题鲜明，幽默生动，有深远的意义。

◎ 武强年画中的杠箱会 ◎

三、杠箱官与灯官的关系

据说灯官的来头可不小，是皇帝所封的头衔。原来在清康熙年间有个规定，在春节期间各级官府衙门要放假三天又叫封印，让各级官员、县令们也可以回家过个年，体现了皇帝的恩宠。到了清乾隆年间，乾隆皇帝春节时去民间探访民情，惊异地发现各地方衙门都关了门不办公了，而市场照常营业，买卖照常红火。这样一来，一旦出现了治安状况没有人管理，百姓在这期间有了案件也无法报官，这样对该地区的治安很不利。这个制度是先皇制定的，又不能将休息的规定取消，因此，乾隆皇帝下令让民间设置一个临时机构，称作“灯政司”，在正月十四、十五、十六三天，由灯官管理地方的事务，行使县官的权力，官员在这期间里也要服从灯官的管理，等到县令上班后，灯官的权力就被收回。

在灯官管辖期间，谁犯了罪，灯官就可以和县官一样对其进行处罚，有冤情的百姓可以当街拦轿告状或是写状子交给灯官老爷，灯官可以当街断案写押票，县衙的牢房见灯官押票便会将犯人收监。这就是为什么中国各地民间，很多地方都有“灯官”“灯政司”“秧歌灯官”的原因了。

那么杠箱官与灯官的关系又是怎样的呢？由沈阳出版社出版、可平编著的《关东乐舞》一书做了解释，书中写道：“‘灯官’据传说是清代才有的民间舞蹈……最初的灯官即‘杠箱’或‘杠箱官’，无论是‘杠箱官’还是‘灯官’，均属朝廷官吏，为了避嫌，原来戴红顶花翎，遂改为戴乌纱帽、穿红袍。”通过文字可以看出灯官就是杠箱官，灯官是把杠箱会的杠箱官分离出去独立表演的一种形式。

《鹤城文化之民俗风情》也记载了这件事："岁前，立灯官。锁印后，一方之事，皆由灯官主之。出必鸣免，市声肃然。细事扑罚，惟意而行。文书可直达将军，揭示有'官假法真'之语，至开印之前一日，灯官自去，一切照常。"

清杨锡恒在《艾河元夕竹枝词》中写道："朱标告示当街挂，新署头衔灯政司。倾城鼎沸闹秧歌，红粉新妆细马驮。"描绘出了灯官在上任期间看花灯、看秧歌的场景。

《大同县志》亦记载有"乡下多扮灯官，唱插秧歌"的词句。

其实，在明朝就已经有了灯官。在《宣化府志·艺术志》里写道："头衔只和署灯官，列骑鸣驺几夕欢。真假总来归一戏，远胜投老客长安。"这是曾担任清雍正、乾隆年间户部郎中、福建按察使的宜兴人储龙光对明代宣化府迎春节灯会社火秧歌的描写。在清朝，灯官被普及化、政府化和强制化了。

清朝时的何元俊对于《糊涂知县》的插图有一段解释："糊涂知

◎《糊涂知县》◎

县，又叫‘灯官’，常见于旧时的灯会中。演者反穿皮袄，戴清代官帽，鼻架眼镜，八字胡，乘长竿，由人抬着游舞于街市，另有众扮衙役者，手持长杖，前后簇拥。游舞中不时有观者拦路问难，时出谐语，以博众欢笑。”

四、杠箱会的鼎盛——兵部杠箱会的历史背景

兵部杠箱会的存续期间，是杠箱会发展的历史长河中最辉煌的时代，也是杠箱会的地位跃身成为民间香会之前列的鼎盛期。兵部杠箱会产生于清康熙年间，距今约350年。

兵部杠箱会产生的传说很多。据清末著名的历史学家和戏曲学家齐如山先生撰写的《北平怀旧》一书中“杠箱”一段记载：“杠箱，乃二人用长竿抬一箱，箱上插数小旗，抬者于行动时舞各种姿势。如将竿由左臂掷于右臂，或一手持竿，双腿由竿上跳过，或将竿置于背上，人在竿下前进、后退、左旋、右转，种种姿势，亦颇见功夫。此戏他处不见，只北京有之。据老辈人云，此戏之始，系一武官在外省贪赃发财回家时，恐卢沟桥、崇文门查出，乃将宝物装于箱内，扮作此戏，以遮掩官员耳目。果然在卢沟桥被其蒙混过去，至崇文门乃至被查出，将宝物充公后由兵部办成此戏，使人观之所警戒。故此会亦只北京兵部有之，会址即在兵部街，一切会费皆用兵部官款。故大众皆呼曰‘兵部杠箱’。该会则名‘引善杠箱会’，亦常供奉内廷。全会共六十余人，有时用四箱，有时用八箱，并扮一小官，名曰‘杠箱官’，亦名曰‘四老爷’，亦骑一竿一伞夫两对鞭棍。有人云此小官即指当年贪赃之官。余按此节或系附会，按此官或即系灯官，乡间灯节会中亦恒有之，前有官衔牌一对，书曰‘灯政使司灯政使’，亦即戏中《打龙袍》一戏办会之灯官也。此小官在前清，权亦很大，如各会聚齐后，某会先走、某会次走、某会末尾等等，所有次序皆由其指定，各会皆不敢违抗也。按扛箱会，涿州后来亦有一班，名曰‘万古千秋’，乃仿效兵部者，亦常来京。后天津亦有之。”

该段文字详细记述了兵部杠箱会的表演形式为“二人用长竿抬一

箱……抬者于行动时舞各种姿势”；表演动作为“将竿由左臂掷于右臂，或一手持竿，双腿由竿上跳过，或将竿置于背上，人在竿下前进、后退、左旋、右转，种种姿势”；故事的渊源为“系一武官在外省贪赃发财回家时，恐卢沟桥、崇文门查出，乃将宝物装于箱内，扮作此戏，以遮掩官员耳目。果然在卢沟桥被其蒙混过去，至崇文门乃至被查出”；事情发展的结果为“由兵部办成此戏，使人观之所警戒。故此会亦只北京兵部有之”。最后是兵部杠箱会的诞生过程。齐如山先生较完整地展示了兵部杠箱会的历史渊源和产生过程。

另有清昭梿撰写的《啸亭续录·卷四·姚公子》篇写道：“姚制府启圣，佐先良亲王平闽，决意欲灭郑氏，以绝民望。尝与纳兰太傅明珠不睦，太傅嗾徐总宪元文劾之。立斋故为顾亭林甥，乃阴庇明裔者，亦嗛公所为，遂周内其罪，露章弹劾。幸仁皇帝察知，不究其事。公子仪心衔之，侦知其兄健庵自某学政归，苞苴无算，伺于卢沟桥，俟其车数十乘至时，公子固兼人力，乃拽其车尾，尽掀于巨浪中。大言曰：‘若辈赀财，皆取诸不义者，敢与予呜之官乎？’健庵惧，隐忍而已。事久，仁皇帝闻之，大笑曰：‘姚仪此举，殊快人意。然有此勇力，不可使闲置郎署。’遂改授武职。立功海上，洊至南阳镇总兵官，以善终。”

这段文字说的是姚启圣的儿子姚仪的故事。姚启圣在任福建总督期间功勋赫赫，办了很多大事，但是太过招摇，目空一切，不知收敛，因而得罪朝廷重臣明珠。明珠唆使徐元文上书康熙皇帝，弹劾姚启圣，幸好康熙皇帝明察此事，没有追究。姚仪心中不满，想为父亲报仇，因此等在卢沟桥旁，等候徐元文其兄徐乾学装有贪赃来的钱财的大车经过时，将大车掀翻。因徐乾学是出了名的贪官，所以不敢声张此事，只能哑巴吃黄连有苦说不出。此事被康熙皇帝知道，也觉得姚仪做得大快人心，觉得他既然有这个勇气，就不要赋闲在家了，于是授予了他官职。为了警示贪官，康熙皇帝下令兵部表演该故事，于是兵部杠箱会诞生。

以上内容和隋少甫讲述的“贪官发财运送赃款时，将宝物装于杠箱内，想趁‘杠箱会’演出走会时蒙混过关，但被查出，于是愤怒的老百姓砸开箱子将赃款扔到河里，经由兵部将其表演成杠箱会”的内容基本一致，可能在转述中有局部的偏差。兵部杠箱会的产生基本归纳为一个脉络。贪官发财回家，不义之财恐被查出，乃将宝物装于杠箱内，扮作杠箱会表演，想蒙混过关，结果被查出。为警示后人，皇帝下令，由兵部表演杠箱会，所以叫“兵部杠箱会”。

清朝年间，由于康熙、乾隆等几代皇帝的重视，京城民间香会得到了发展，也出现了官办的香会组织——皇会，被叫作“太和殿承差”，即由六部衙门组成的八档香会，演员由衙门的工作人员担当，被称为“内八档”，即兵部的杠箱、礼部的中幡、户部的秧歌、工部的石锁、吏部的双石、刑部的棍、老太府的花坛、掌仪司的狮子。内八档是为皇家和民间表演的官办香会，可以进皇宫并在太和殿表演，在此期间北京香会发展到鼎盛时期。随着香会的发展扩大，皇会这个名称也走入了民间，许多民间的香会也可以被封为皇会，在会名上加上“万寿无疆”的字样，会旗上可以画上有龙的图案。

据《清内务府档案》《妙峰山志》《万寿山过会图》等史料的记载和传承人隋少甫的讲述，兵部杠箱会为武会中的一档。每档香会都有祖师爷，兵部杠箱会所供奉的祖师爷是狱神。

在《水浒传》中宋江、戴宗被判斩首，有一段描写：“到了三更时分，狱卒将牲醴香纸祭赛青面圣者。吉孚唤柴进道：‘你也来拜拜，要圣者引出，免得魂沉狱底。’”这里说的“青面圣者”就是狱神。

《小五义》中有艾虎求狱神保佑的一段描写。小说《红楼梦》中也多次提到狱神庙。

狱神是谁？他确有其人，是位列帝舜十大名臣的皋陶。皋陶为东夷族人，生于曲阜，在虞舜时辅佐帝舜，是个清正的法官，史称其“决狱明白，察于人情”。皋陶被称为“中国司法的鼻祖”，监狱普遍供祭皋陶，被人们奉为狱神。皋陶的墓冢遗存至今，位于今安徽省六安市经济技术开发区皖西大道北侧。还有一位狱神，是汉代的萧何。他是刘邦建立汉朝的功臣，因他制定了当时的法典，因此被称作“定律之祖”，所以人们又把萧何尊为狱神，《水浒传》中把狱神描写为青面圣者指的就是萧何。

据兵部杠箱会传人隋少甫讲述：“清同治年间，慈禧太后为同治求福，每年四月初一至十五去妙峰山朝拜，随行带着内八档香会去妙峰山表演。”清光绪年间的《万寿山过会图》中描绘了皇家在颐和园观看香会表演的场景，记载了当时兵部杠箱会表演的盛况，较全面地提供了该会人物、道具、服装等许多元素和内容。

在金勋写的《妙峰山志》中，对清朝走会时的引善杠箱圣会人员组成有详细的描述：“按，引善杠箱圣会，北京只此一堂，为正阳门内兵部职役二班人员所办，故有‘半私半官’之说，俗称‘杠箱官儿’。该会曾于光绪二十二年（1896年）四月初五，在颐和园德和园大戏台承差。其人位前引四名，钱粮把儿八名，会笼子二挑儿，黄旗黄幌，余皆练手，全会六十四人。复于光绪二十四年（1898年）四月初六日，二次在颐和园承差。会中之杠箱官儿为主角。抹三花脸儿，戴八字儿髯口儿，圆翅乌纱帽，红袍补服青靴。二衙役用碗来粗细之大竹竿，抬着该官儿，背后一人执着大红影儿伞。猛视该官扮像（相），似《独木关》之张士贵，尚有书吏一名，亦为重要角次，扮相似《打面缸》之王书吏。再前有衙役三班鸣锣开道，鞭板、锁棍之类。再前即圆形会笼二挑。再看两旁，尚有房形木箱四抬，漆红色如小戏箱，盖尖形如房顶，两山尖各插黄旗一根，二旗顶端拴铜铃一串。箱两旁有弹性软竹板儿，拴黄绒绳系于铁箱方形环上。箱之前后有端有孔，穿入四寸径、长一丈

◎ 清光绪年间的《万寿山过会图》中描绘了皇家在颐和园观看香会表演的场景 ◎

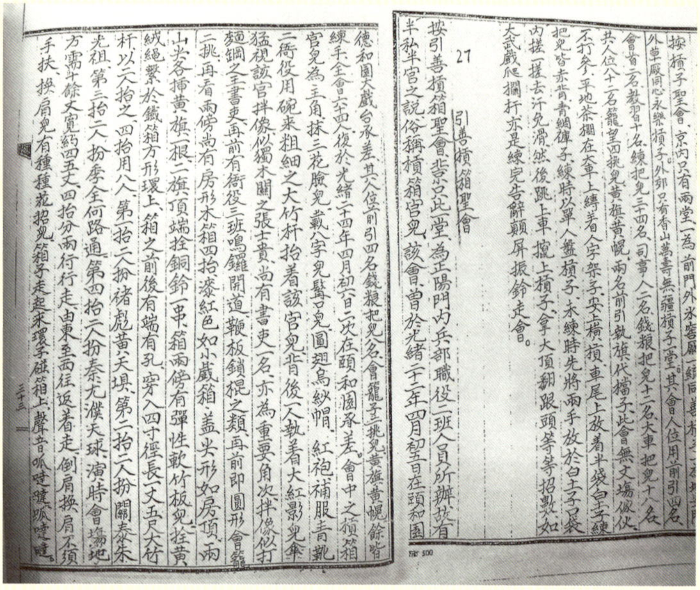

按槓子聖會，京內只有兩堂，一為前門外冰窖廠一續同善槓子[?]，一為外草廠同心永樂槓子。外郊只有香山萬壽無疆槓子一堂。其會人位用前引四名、會首二名、教習十名、練把兒三十四名、司事人二名、錢糧把兒十二名、大車把兒十八名，共人位八十二名。籠望四挑兒、黃旗、黃幌，兩名前引執旗、代擋子。此會無文場傢伙，不打多。平地茶棚在大車上縛着八字架子，安上槓，槓車尾上放着半袋白土子。練把兒皆赤背青綢褲子。練時以單人盤槓子，未練時先將兩手放於白土子口袋內搓一搓，去汗免滑，然後跳上車，攏上槓子，拿大頂翻跟頭等等招數，如大武戲爬欄杆，亦是練完告辭顛屏振鈴走會。

27

引善槓箱聖會

按引善槓箱聖會，當京只此一堂，為正陽門內兵部職役二班人員所辦，故有半私半官之說，俗稱槓箱官兒。該會曾於光緒二十二年四月初五日在頤和園德和園大戲台承差。其人位前引四名、錢糧把兒八名、會龍子三挑兒、黃旗、黃幌，餘皆練手。全會六十四人。復於光緒二十四年四月初六日二次在頤和園承差。會中之槓箱官兒為主角，抹三花臉兒，戴八字兒鬍子兒，圓翅烏紗帽，紅袍、補服、青靴，二衙役用碗來粗細之大竹杆抬着，該官兒背後一人執着大紅影兒傘，猛視該官拌像，似獨木關之張士貴。尚有書吏一名，亦為重要角次，拌像似打麵缸之王書吏。再前有衙役三班，鳴鑼開道，鞭板鎖棍之類。再前即圓形會籠二挑。再看兩傍尚有房形木箱四抬，漆紅色，如小戲箱，蓋尖形如房頂，兩山尖各插黃旗一根，二旗頂端拴銅鈴一串，箱兩傍有彈性軟竹板兒，拴黃絨繩，繫於鐵箱方形環上。箱之前後有端有孔，穿入四寸徑長一丈五尺大竹杆，以二人抬之，四抬用八人。第一抬二人扮褚彪、黃天霸，第二抬二人扮關泰、朱光祖，第三抬二人扮季全、何路通，第四抬二人扮秦尤、濮天球。演時會場地方需十餘丈，寬約四五丈。四抬分兩行行走，由東至西往返着走，倒肩換肩不須手扶。換肩兒有種種花招兒，箱子走起來環子碰箱上，聲音呱嗒嗒、呱嗒嗒。

三十三

◎《妙峰山志》中引善杠箱圣会的记录◎

五尺大竹竿，以二人抬之，四抬用八人。第一抬二人，扮褚彪、黄天霸。第二抬二人，扮关泰、朱光祖。第三抬二人，扮季全、何路通。第四抬二人，扮秦尤、濮天球。演时，会场地方需十余丈，宽约四五丈。四抬分两行行走，由东至西往返着走。倒肩、换肩不须手扶，换肩儿有种种花招儿，箱子走起来，环子碰箱上，声音'呱嗒嗒，呱嗒嗒'。二人抬着官儿，亦东西随走，用巧妙招数来回换肩儿。衙役口嚷'喂喔'唱道，锣声盈耳，真有过长官的威严。该会半官半私。官儿站住时，即行放告。官儿发话云：'我这官儿本不小，前有衙役三班，后有鸣锣开道。下官贾进忠押解皇杠，朝罢金顶，路过此处，即行放告。有冤者前来诉冤。'其会中人假告、假审形象，惟妙惟肖，很合乎情理。演完，开道颠屏振铃走会。"

书中还有"兵部引善杠箱圣会——兵部——头目刘海龄等六十九名"等记述内容。北平民国十八年（1929年）五月二十一日至二十三日的《京报》发表了景孤血写的《社火概谈》一文中，有这样一段描述：

“拴会者之资格。此种资格，可分析言之，一为城内各衙门做事者；一为乡村中之有头脸的人物。间亦有尊官、贵胄。亦闻有平民，然终不如各衙门做事者之众且多也。有六部时，各部中当差者，皆自行组织成会。其原因一以太平无事，一以慈禧时以此邀上宠者颇众，故大都希上旨而纷纷从事此种工作。如兵部之杠箱、礼部之中幡、翰林院之五虎棍、掌仪司之狮子，皆其差役者为之……”

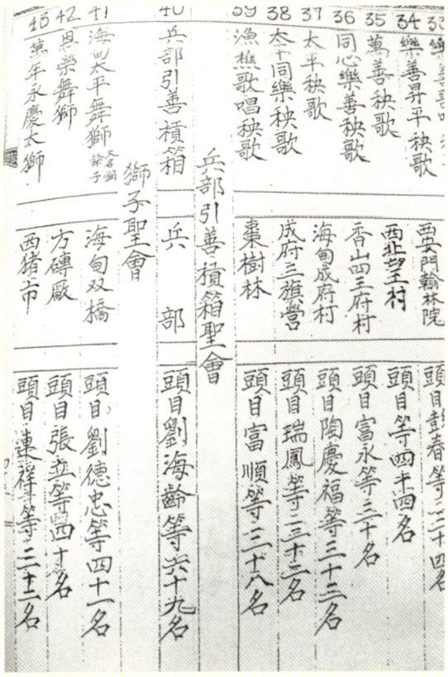

34	樂善昇平秧歌	西安門翰林院	頭目彭春等三十四名
35	萬善秧歌	西北旺王村	頭目等四十四名
36	同心樂善秧歌	香山四王府村	頭目富永等三十名
37	太平秧歌	海甸成府村	頭目陶慶福等三十三名
38	太平同樂秧歌	成府三旗營	頭目瑞鳳等三十二名
39	漁樵歌唱秧歌	棗樹林	頭目富順等三十八名
40	兵部引善槓箱（兵部引善槓箱聖會）	兵部	頭目劉海齡等六十九名
41	海甸太平舞獅（獅子聖會）	海甸双橋	頭目劉德忠等四十一名
42	忠崇舞獅	方磚廠	頭目張垚等四十名
43	萬年永慶太獅	西猪市	頭目連祥等三十二名

◎《妙峰山志》中关于兵部引善杠箱圣会的记录◎

通过以上篇幅可以看出兵部杠箱会的演员基本是由兵部衙门中的中下级军官组成。兵部是国家最高的军事机关，因当时还是以冷兵器为主的时代，中下级军官一般都会武功，身体素质较好，符合杠箱对于演员身体和武功的要求，正好也是军官们锻炼身体的运动项目。参加表演的有69人，会首即负责人叫刘海龄。

兵部杠箱会的会址在北京正阳门兵部街，即现在的东城区前门城楼的北侧，天安门的南侧，天安门广场的东侧，也就是现在中国国家博物馆的位置。

一切会中所需费用皆用兵部官款，大家简称其为“兵部杠箱会”。实际会名叫“兵部引善杠箱圣会”。引善的“善”字，东汉人许慎在《说文解字》中解释为“善，吉也”，是吉祥、吉兆、美好、圆满、共同满足的意思。佛教中推崇该字“性安稳，能顺益此世及他世的白净法，有‘道德的、正确的’意思”，表示心地仁爱、品质淳厚之意。“善会”的名称是用来表示该组织“善有善报”的意思。“引”是指拉、伸、引力、领、招来、引见、引导的作用。从“引善”一词不难看

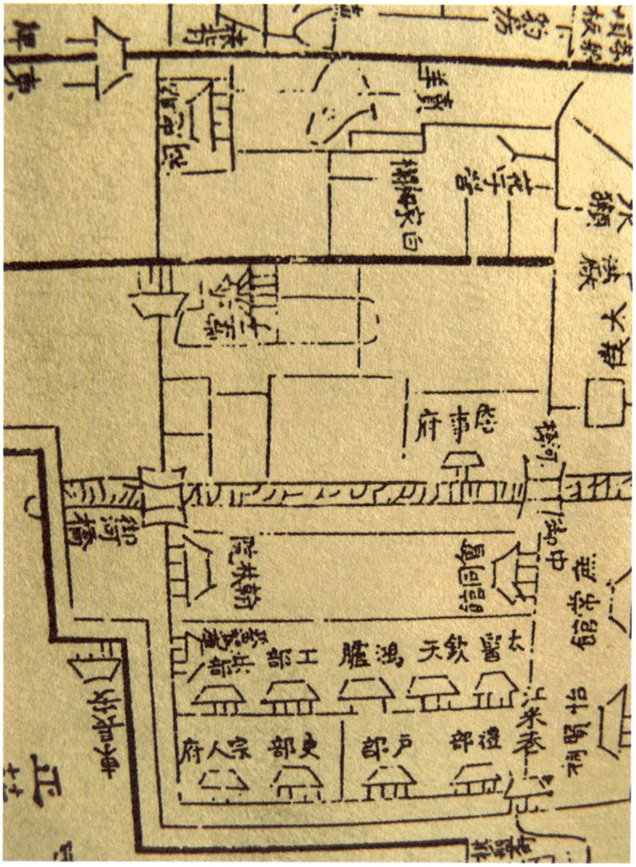

◎ 清朝兵部地点 ◎

出，有引导人们去追求美好、圆满、正确之意。这也是行香走会的目的，所以很多民间香会的会名中加入了“善”字。

由于该会都是由兵部的军官组成的演员队伍，演员们都有品级，所以皇帝任命扮演县官的演员为七品官阶，可以在走会中行使当街审案的权力。在审判后写押票将犯人带到大兴、宛平县衙，县衙工作人员依据杠箱官写的押票对犯人收监。以上文字中提到的“金顶”就是前面一直在讲述的康熙皇帝敕封的“金顶妙峰山”。

在《清内务府档案文献汇编》中记载的“内务府掌仪司承应各项香会花名册”中记录有“兵部引善杠箱”的情况和演员名单。兵部引善杠箱的名单，第一个是阎钰。阎钰是清代倒数第二任杠箱官，是隋星甫的师傅，隋星甫是清代最后一任杠箱官，是隋少甫的父亲。

现存于故宫博物院，由清代宫廷画师王继明、张启明、屈兆麟绘制的一幅《普庆升平图》，展现了清朝皇宫中兵部杠箱会表演时的场面。此画被收录在故宫博物院出版的《故宫博物院藏清代宫廷绘画》一书中。通过绘画我们可以看到兵部杠箱会走会的精彩场面。

内務府掌儀司承應各項香會花名冊

藝人高脚　虎坊橋劉

郏萬壽變石　虎坊橋孔

公議助善秧歌　兵部窪村

引善槓箱　兵部李以

初六日

◎ 在《清内务府档案文献汇编》中“内务府掌仪司承应各项香会花名册”中记录有“兵部引善杠箱”◎

清代《京都风俗志》一书中有这样的记载：“杠箱，一人扮幞头玉带，横跨杠上，以

◎ 宫廷画师王继明、张启明、屈兆麟绘制的《普庆升平图》，展现了兵部杠箱会表演时的场面 ◎

二人肩抬之，好事者拦路问难，则谑浪笑语，以致众人欢笑。”

绘于清末的《妙峰山上香图》中有兵部杠箱会表演的场景。

民国时出版的《民社北平指南》一书对杠箱会进行了描述：“该会有配角，肩抬杠箱在两旁，中间有一杠子，杠箱官坐其上，红袍短须，圆翅纱帽，具有滑稽之形状，不时有告状人等与杠箱官互作谐谈、语词及歌唱。”

◎ 绘于清末的《妙峰山上香图》◎

摘引《北京通·武会》一书中有这样的记载香会以狮子守驾后行，中幡前引。在分部述时，再以行进次第为序：

一、礼部大执事（大执事俗名中幡）；

二、兵部杠箱；

三、掌仪司太狮；

四、慧照寺太狮（现由海月川为都官司，仍旧走会，鲜明整齐纯熟以此为硕果了）；

五、方砖厂太狮少狮（亦一部存在）；

六、三转桥太狮；

七、东猪市太狮；

八、白纸坊太狮；

九、蒋养房九狮；

十、海淀钢铃五狮（九狮、五狮已不多见。只称太狮的应该没有小狮子，近年已不太严格了）；

十一、白纸坊大鼓（俗称跨鼓）；

十二、北新桥开路；

十三、黑窑厂开路；

十四、琉璃厂开路；

十五、鞭子巷开路；

十六、东安门开路；

十七、地安门开路（打路）；

十八、翰林院五虎棍；

十九、内西华门五虎棍；

二十、羊管胡同五虎棍；

二十一、弘善寺五虎棍；

二十二、雪池少林棍；

二十三、西河沿少林棍；

二十四、教子胡同少林棍；

二十五、大河庄少林棍；

二十六、芦草园少林棍；

二十七、黑塔寺杠子；

二十八、草厂杠子；

二十九、缸瓦市杠子；

三十、国子监杠子；

三十一、冰窖厂杠子；

三十二、涿州小执事（俗称花坛）；

三十三、老太府小执事；

三十四、鞑子馆小执事；

三十五、四块玉小执事；

三十六、北新桥花砖；

三十七、虎坊桥秧歌；

三十八、九道湾秧歌；

三十九、五斗斋秧歌；

四十、龙王庙秧歌；

四十一、十八里店秧歌；

四十二、金家村秧歌；

四十三、朝阳门双石；

四十四、亿寿歌词天平（什不闲，艺人术语称为折唱莲花落，乃一人唱太平歌词为莲花落，二人以上打家伙逗唱为什不闲，天平指唱什不闲）；

四十五、子弟同乐天平；

四十六、明月青松天平；

四十七、排子胡同天平；

四十八、太平歌词天平；

四十九、乐善歌词天平；

五十、御览黄旗黄幌万寿无疆天平（万寿无疆天平曾经孝钦后观看，以后即换黄旗黄幌，自称御览。不知曾经御览的老供奉是否要穿黄衣，勾黄脸）；

五十一、万里云程自行车会；

五十二、遵古夺今自行车会；

五十三、五显庙中军；

五十四、朝阳门中军；

五十五、通州小车会；

五十六、德胜桥文场。

"以上所录，除万寿无疆天平外，才入民国后都还存在，也有后来才贺出来的会。其中只有极少数落地作（做）生意，天平却十之九下海了，大半归于消灭，现在找全堂武会是很难的。至于某衙门某会，多半是此衙门中差役练会，最奇怪是武会却大半是文衙门人最多。"

1937年商务印书馆出版的由李家瑞编写的《北平风俗类征》一书中有这样的描述："杠箱官儿会玩笑，倚仗着引伞儿那身躯罩，撤了伞棍捽定了腰，抬杠箱的腿脚儿好，倚疯撒邪把王爪架儿跳，抓哏凑趣儿找怯勺。也怕知根儿的把状告，他也觉乎脸上臊，二人无非一玩笑……"

兵部杠箱会主要在紫禁城、皇家园林、北京城内表演，因为演员都是公差不能擅离岗位，所以衙门平日里照常办公，赶上民俗节庆活动或者皇家大型仪式，才会由朝廷的内务府掌仪司组成内八档皇会前去助兴表演，所以兵部杠箱会出会的机会并不太多。如果皇帝、太后要上妙峰山，兵部杠箱会一定会跟随，以显示兵部的威严和皇家对该会的宠信。

随着清王朝的没落，官办香会随之解体。到民国初期，兵部杠箱会的表演经费已没有来源，演员因生活所迫各自离散，兵部杠箱会的实体演出在北京范围内陷于沉寂。民间的杠箱会有时还能看到其身影，但也基本消失。

吴效群在《妙峰山北京民间社会的历史变迁》一书中指出："十三档武会中，最具轰动效应、最受人欢迎的杠箱会，表现的是与中世纪欧洲狂欢节戏谑地给'狂欢国王'加冕和脱冕相同的主题。"由此看出在十三档武会中杠箱会是最受民众欢迎的，而且它的表现形式独特，不同于单纯表演，而是具有主动性和诙谐、滑稽性。在走会时人们没有官员、豪绅、普通百姓的分类，没有贵族、平民的等级约束，彰显着人性的自由和奔放。中国长期受封建社会的统治，被分为三六九等，而在走会时则充满了和谐气氛，所以吴效群定义为"处处充满狂欢节的笑声"。百姓可以和官员（杠箱官）说说笑笑打哏，既看了表演又出题难为他。百姓和杠箱官的交流：（1）出题难为他；（2）开玩笑；（3）真的告状。吴效群将北京十三档或十六档武会说成为"一个大面具掩盖下的尽情狂欢"。

全国图书馆文献缩微复制中心出版的国家图书馆藏历史档案文献丛书《清内务府档案文献汇编》第八册的序言中介绍了民间香会的情况：

序

有清末页，北平香火首推妙峰山碧霞元君庙，每届四月自初一开庙半月，城中士女前往朝顶进香者日约数千至数万人，更有远从天津、保定、张家口来者，吁燕都香火之风亦云胜矣。

当是时也，慈禧后驻跸颐和园例于颐乐殿园观看香客走会（走会香客进香时所装演之杂剧也，清文宗圣训卷十一圣治，厚风俗附条下咸丰二年壬子正月辛巳上谕云：内阁御史伦惠奏京西妙峰山庙宇，每于夏、秋二季烧香人众，有无赖之徒装演杂剧名曰“走会”，请饬严禁等语，而谕旨载见或以是为最先）。颁赏银两香客，复得以车笼上插布黄色龙旗或用万寿无疆字样，缀成各式美景博伺皇会荣名，故《燕都岁时记》载妙峰山香火慈禧后听政时代种切盛况或征实非诬也。本馆自王府购得一些零乱档册，内有标明光绪二十二、二十四等年份及不记年份之呈报掌仪司香会花名底册，检阅该全底册载献技种类有：开路、棍、杠子、歌词（疑即俗称十不闲详李家瑞北平俗曲略）高脚秧歌、高歌花鼓（疑即跨鼓）、舞狮、杠箱、石锁、双石、花坛等十二项，表演团体七十有余，演员近三千人云云。今厘装六册，颜曰“内务府掌仪司承应各香会史料”矣。民国二十八年春，侯植忠略记于国立北平国图书馆。

通过文字介绍可以看到真实的皇会历史记录，表演团体的众多，参加人员的庞大。

在《清内务府档案文献汇编》中提供了一些呈报的内务府掌仪司文件，可见进颐和园表演手续的繁杂审查的严格，下面展示一档会，呈报文件格式及内容：

呈

京都西便门内公议助善秧歌一堂

奉

掌仪司传论按名领腰牌本会人等开列于后

计开

教习

李吴惠、王文忠、张广福、陈德寿、孙德福、杨吉祥、高德志、周福海、王德山、冯文治

耍手

朱瑞祥、张延年、何德厚、于如山、程福瑞、田德祥、王瑞福、赵福成、孙成厚、周成庆、王成海、陈瑞祥

钱粮把儿

张永顺、陈福永、马德志、李福来、孔平安、赵福海、周永安、王文祥

第六节

杠箱会的分布

一、北京地区

北京地区最著名的杠箱会就是兵部杠箱会，经过艺人们的传承、改编和演化流传开来，逐渐产生出了新的风貌，形成了自己独特的风格。除了兵部杠箱会外，北京地区还有丰台十八村的杠箱会、房山南关杠箱会（基本上在新中国成立前就已沉寂）、北京市城区和密云古北口的杠箱会等。兵部杠箱会前面已经介绍了，本节暂不表述。

（一）丰台十八村的杠箱会

丰台十八村，明朝遗民所建，是供给京城皇宫蔬菜、花木等植物的产区，随着人口的增加，文化娱乐活动也逐渐发展起来，寺庙的兴建使庙会活动也随之出现。当时流传“村村有庙”的说法，有药王庙、龙王庙、马神庙、五圣神庙、花王庙、灶君庙、碧霞元君庙等，十八村的民间香会也由此诞生。他们除了在本村走会外，还去其他村走会。十八村的香会繁多，例如有樊家村的童子老会、房家村的开路会、大苇洼村的杠箱会、七里庙村的中幡会、东管头村的少林会、西管头村的高跷秧歌会、葛家村的垫道会、夏家胡同的设驾会、造甲村的中军号会、纪家庙村的天平会、张家路口的大鼓会、孟村的旱船会、前泥洼村的中幡会、刘家村的少林会、后泥洼村的少林会、柳村的大鼓会、鹅风营的献音会、于家胡同的献音会等。

隋少甫老先生说，按照规矩，十八村的杠箱会只能在十八村范围内活动，不能出该地区走会。由于战争等因素，社会动乱，百姓生活艰难，民间花会也受到了冲击，几乎停滞，新中国成立后才逐渐恢复起来。随着改革开放的深入，人们的钱包鼓了起来，很多老玩意儿又捡了起来，民间花会也焕发出新的活力。2001年农历四月二十六日，隋少甫老先生带着五虎棍、小车会、狮子会等来到药王庙表演了三天，受到了当地百姓的热烈欢迎。

当年十八村的杠箱会使用的两个杠箱被完整地保存下来，现存放在首都博物馆供群众参观，成为杠箱会的历史物证。首都博物馆老研究员郭子生先生对笔者说，当年的杠箱是他征收的。在20世纪70年代，国家对文物工作非常重视，为了搜集流失在民间的文物，相关部门人员各处寻找，在丰台区原十八村地区的一个村采访时，在大队部突然看到村会计用的两个箱子很是与众不同，仔细观察后发现是以前杠箱会的道具“杠箱”。郭子生小时候在河北南部农村长大，那里也有杠箱会，所以印象很深。因十八村当地已经很久没有走杠箱会了，所以当地的老百姓并不认得这是什么物件，只是觉得花里胡哨的面画挺有意思，就没有扔掉，村会计也觉得上面画的画挺好，就要来当了装账本的储物箱。郭子生看到后很是着急，他知道这是杠箱会的历史物证，可以说是见证北京地区民间花会历史的无价之宝，一旦失去可能再也无法复原，必须保护起来。通过多次协商，最后郭子生用一个崭新的三屉桌（办公桌）换回了这两只珍贵的杠箱，使它们得以陈列在博物馆中，成为当代人们认识杠箱会，认识民间花会，了解北京民俗文化的一个历史物证。两只箱子被收在首都博物馆库房内（原址在国子监），首都博物馆新馆建成后在民俗展厅展出至今。

（二）密云古北口的杠箱会

北京市东北部是密云县辖区，密云与河北交界处是密云古北口镇。该镇历史悠久，是长城上的主要关口，是拱卫北京的边关军事重镇，这里在抗日战争中是古北口保卫战的战场，也是北京历史文化的名片。古北口的地理位置特殊，庙宇众多，庙会繁盛，每逢庙会期间，商贾云集，商品应有尽有。元朝时这里就已

北京民间的杠箱

出现民间香会，到清代时更加繁盛。据说，曾经有过乾隆皇帝御赐下来的杠箱，慈禧太后也进行过赏赐，由于是皇帝看过的香会，因此被称为“皇会”。

北京密云《政协文史资料选编》1985年第一期中，蒙冠贤、陈海兰讲述，李善文整理的《古北口花会》一文中，介绍了古北口每年农历的四月十八，娘娘庙会里社火活动空前繁荣的景象。走会时，按照一定的顺序，花会分十八档会档，第一档狮子会、第二档中幡会、第三档蝴蝶会、第四档吵子会、第五档八面压鼓、第六档高跷会、第七档旱船会、第八档凤秧歌会、第九档排子会、第十档大头和尚戏柳翠、第十一档老汉背少妻和尚背尼姑、第十二档竹马会、第十三档皇杠箱会、第十四档少林会、第十五档什不闲会、第十六档大音乐会、第十七档号佛会、第十八档杠上官（衙役轮流扛了一根竹杠，杠上官斜跨杠上，做上下杠动作，最后杠猛然摔地，杠上官随之做各种滑稽表演）。

（三）房山南关的杠箱会

房山南关杠箱会在明清时期达到鼎盛，表现的是敬神祈福、进贡钱粮的故事。表演时铜锣开道，紧跟着的是旗帜，然后是杠箱，两个人抬着一根杠，杠上骑着一个男孩。之后是八个杠箱，箱子上有彩色历史人物图案，在箱子上有封条，杠长三米，耍杠箱时，做出多种表演动作。后面跟着的是宵利二人，傻丫头二人，地方二人，然后是四面旗，四盏红布灯，四块虎头牌，上书“回避”“肃静”“钦差”“威武”字样。衙役手持大棍，师爷手拿扇子，中间是杠箱官，负责押解贡品和判案，杠箱官有时坐在独杆轿上，旁边跟着的是杠箱官的夫人，杠箱官后面有人撑伞。走会时衙役、师爷、杠箱官相互玩笑，审案时幽默滑稽，以博在场观众一笑。

包世轩先生的《妙峰山庙会》一书，关于杠箱会有如下表述：“自从清军入关后，杠箱会执事有所改变，但仍是三角旗。天地旗改为黄龙旗；钱粮科旗由红字改为黑字；八卦旗和杠箱上的八卦旗改为满八旗的旗帜，分别是正黄、正白、正蓝、正红、镶黄、镶白、镶蓝、镶红，所有人员都改穿清代服装，乌纱、蟒袍、玉带、朝靴改为顶戴、花翎、朝珠、补褂。师爷戴眼镜；四面虎头牌大字分别是‘钦差’；另一面有时是‘府衙’，有时是‘正堂’，有时是‘威武’。‘回避’‘肃静’二牌一直沿用未变。”

有一则故事极为有趣。清朝时，有一年南关杠箱会到涿州北关娘娘庙进香，走至大石桥时这队人马号炮连天，旌旗招展，执事俱全。涿州知州误以为是顺天府官差驾到，慌忙出衙迎接，口称“下官来迟，望大人恕罪”。南关杠箱官道：“本官饶乐府知府奉王命押解钱粮进京，并巡视涿、良、房州县民情。”涿州知州百般殷勤，陪同进香后，杠箱官稳坐涿州东街州衙正堂。知州忙献茶并备宴席，杠箱官如“巡按知府”般口出“大清律”，振振有词，对知州严加训斥，知州一时不知如何是好，吓出一身冷汗，连连叩头谢罪。杠箱官坐州衙片刻后言道：“本府王命在身，不能久留，不必开宴，望你好自为之。”知州毕恭毕敬送“巡按知府”出城，回衙后方才醒悟，回头再找，杠箱官已经走远，不见踪影。其实饶乐府是个村名，在房山县（今房山区）城东二里。饶乐府知府坐涿州正堂训斥涿州州官之事，在方圆百里一时传为笑话。该会最后一次演出是在1940年正月。

（四）北京其他地区的杠箱会

根据中国民族民间舞蹈集成编辑部编写的《中国民族民间舞蹈集成》一书的记载，北京的西城区、朝阳区、丰台区、大兴区、通县（今通州区）、密云县（今密云区）都曾有过杠箱会。

二、天津地区

（一）天津市内的杠箱会

天津皇会是天津古老的庙会，即天津天后宫庙会，每年农历三月二十三举办，成为天津庙会的代表。据传说清乾隆皇帝曾经路过此地观看过此会，所以称其为“皇会”。乾隆六年（1741年），清代文人杨一昆撰写的《皇会论》描述了天津皇会的盛况，并记录了在天后宫观看杠箱会表演的情景。

天津的五虎杠箱会全名叫“北城根公议集善五虎杠箱会”，隋少甫听父亲隋星甫说过，天津的杠箱会是从杠箱官阎钰处学的杠箱技艺，后由一个家族传承表演的。它采用了兵部杠箱会的部分技艺，内容取材于京剧《宏璧缘》的故事，以武技为主，以五虎保护杠箱的形式表演，演员们装扮成京剧巴家五虎，与劫杠箱者进行厮杀，将五虎棍的打斗融合之中，形式风格独特，新中国成立后绝迹。后来天津市南开区文化馆的老师在继承传统民间花会文化的基础上，挖掘整理了杠箱会这一古老的民间舞蹈，并对服装、道具、动作进行了大胆的改革和创新，形成了艺术化较强的杠箱表演，使杠箱会这一古老的民间艺术瑰宝重获生机，形成了有代表性的传统文化品牌。

◎ 天津的杠箱会 ◎

（二）津南葛沽镇的杠箱会

天津市津南区葛沽镇也流传有杠箱会表演，主要是以文戏为主，没有武戏内容，表现了杠箱官诙谐幽默的语言艺术，还加进了杠箱官的妻子、儿子等角色。遗憾的是该会在1992年最后一次表演后由于艺人的去世而绝迹。

（三）武清县（今武清区）黄花店的杠箱会

天津市武清县黄花店的杠箱会被选为“90天津国际文化友好交流”节目。

三、河北地区

（一）石家庄井陉县赵庄岭的杠箱会

河北省石家庄井陉县赵庄岭的颠杠在前文已提过，它是赵庄岭庙会独具特色的传统文化节目，也称为皇纲。一盘杠的重量一般在50公斤左右，两人一盘杠，杠的中间有木箱。表演时，几十盘的杠都可以表演，除了抬杠箱的人外，还有一名身系串铃、手扬马鞭、装扮成戏剧中七品芝麻官模样的押纲官，负责检验杠箱，由两名衙役保护着。表演是在村外的空地上，随着队伍的走动不时变换着队形，盘杠形成长龙，你来我往，互相穿插。表演动作有换杠、戗杠、顶杠等。队形千变万化，一会儿队伍进到村里在狭窄的小巷里穿行，抬着一盘盘杠的演员不断颠动杠箱，使得箱上的金属环有节奏地拍击杠箱，发出“啪啪”的声响。戗杠的动作又分为侧戗杠和背戗杠，侧戗杠是演员面对面，侧身将杠端顶在肩窝处，不断地颠杠；背戗杠是演员背对背，将杠端顶在颈骨上面，不断地颠杠，看似非常悠闲，但难度极大。押纲官拿着鞭、颠着步，从一盘盘杠下穿过，表示查验了杠箱。整个表演规模宏大，再伴以颠动时箱环拍击箱子发出的声响，非常壮观。笔者在2007年前往该地进行杠箱的调研，参加了赵庄岭的皇纲节。笔者看到了当时的场景由衷感叹：四乡八镇的老百姓步行几十里前去观看，村外山坡上挤满了观众，群众和演员加起来足有上万人，抬杠箱的演员身着黄色衣服在场地内游走，场面甚是壮观。

（二）鹊山庙会的杠箱会

鹊山庙会的杠箱表演叫抬杠箱，即四人用两根木杠抬一箱子，箱内放五谷杂粮行走表演，抗日战争时绝迹。

（三）南和县河郭一带的杠箱会

抬皇杠流传于南和县河郭一带，传说是从东汉末年黄巾起义时流传下来的，再现的是这一带的百姓为黄巾军送粮秣的场景。南和抬皇杠先在河郭一带十余个自然村中进行，之后再到贾宋镇十余个自然村进行。皇杠杠杆长6米，木制。杠箱重约30公斤，两边各有一个铁环，杠箱顶部用彩绸、彩球、彩带组成，并插有鸡毛掸子两个。表演时，先走的是“四牌公”大旗，后面紧跟32只杠箱，由三眼枪鸣枪开道，演员们在统一指挥下踩着杠的震颤鼓点表演。

（四）易县西斗城村的杠箱会

易县西斗城村的杠箱会又名“黄箱子会”，据说已有300年历史。它的渊源、内容和表演同兵部杠箱会基本一致，杠箱官由杨氏家族子弟扮演并传承。

下面是河北省部分地区杠箱类表演的分布情况：1. 抬杠——晋县（今晋州市）、鹿泉市、南宫市、鸡泽县。2. 抬花杠——元氏县、高邑县、栾城县、井陉县、邯郸县。3. 抬杠箱——曲周县、霸州。4. 抬皇杠——邯郸县、临漳县、涞水县。5. 杠子——蠡县、涞水县、易县、三河县（今三河市）、文安县、霸州。6. 杠子官——衡水市、完县（今顺平县）。7. 别杠——任县。8. 竹杠——冀县（今冀州市）。9. 杠杆——涞源县。10. 杠歌——蔚县、阳原县、涞源县。11. 杠马——南和县。12. 抬杠杆——晋州市。

四、山西地区

上党的杠箱（擢筛杠）——杠箱是用竹、木料、布等制成的，顶上正中插一米至两米的鸡翎掸，杠长六米，由两人抬着表演。两个演员抬一个杠箱，做各种动作，将杠箱抖起来，二至八只扛箱前后穿插，前进后退，箱子发出“吆啷”“吆啷”有节奏的声响。襄垣侯堡镇的杠箱表演有着200多年的历史，1974年襄垣王桥村的杠箱改为民间舞，歌颂翻身丰收。

抬杠——道具是用木制的一根杠子中间编一个彩色小楼，上面插三根羽翎，楼上安铃铛，两人抬着一根，表演时一进一退，一晃一摇，是动作和音响的结合，所以又叫“晃杆”或“闯铃”。

晃官——在两条长杠中间绑一椅子（类似南方山区用的滑竿），椅子上坐一位倒穿官衣、倒戴官帽的三花脸县官。抬竿的演员在表演时要上下晃动，县官做着各种滑稽动作，逗人一笑。

擢官——在一条长杠子的杠头绑一椅子或铁架，一个扮演贪官的演员坐在上面，由一条绳子拴着。人们一拉绳子贪官被擢起，绳子一松贪官跌落，发出惨叫声。此表演表现了对贪官的憎恨，现基本绝迹。

原平杠箱——原平市下薛孤村的颠杠箱技艺由二组四人表演，另有二人扛着一独龙杠，杠箱官一人坐在杠上，骑马衙役二人。后来取消了独龙杠的表演，主要是颠杠箱。杠箱官化装成丑角打扮，表演时由民间鼓吹乐伴奏，用伴奏和颠杠者的动作进行配合来完成演出。

盂县灯官——盂县在山西省的东部，靠近河北井陉县，那里流传着古老的社火灯官表演，据说始于明朝。灯官又称“农民会”“夸官”。盂县大吉村的灯官的表演形式很少见，以农具、农产品作为道具，于每年正月十五去县衙表演。县官穿明朝七品官服，手持扇子，坐在扇车上，由四名轿夫抬着，四名衙役保护，分别拿筛状的“锣灯”“清道灯”和扫帚形状的“回避”“肃静”灯。后面是四名演员，扛着“木杈灯”“木锨灯”。再后是手持犁、锄、镰、簸箕、玉米、高粱、蔬菜等形状的彩灯走会，有锣鼓打击乐和唢呐的伴奏，灯官口中还说一些关于农业的谚语和句子。

山西省阳泉市平定县下董寨村灯官——据说下董寨村在古代时，曾是汉朝董卓军队的兵营，将士们在春节来临之时会赛马。这一文化传统流传下来，每年的正月十四到正月十五，下董寨村村民都会选出大官和二官作为灯官。大官和二官权力很大，在村里面检查村民家灯笼的悬挂情况，如遇到有人喊冤就负责处理。在这两天中大官和二官出尽了风头，摆足了架子。

五、青海地区

青海地区的历史文化积淀深厚，民间社火流行广泛，湟源纳隆社火中的灯官就是其中一个较有特色的代表。那里的灯官身着大红袍、红脸、红胡子，戴七品官的官帽，和扬州表演出游巡城的红胡子的火神爷类似。

六、东北地区

◎《关东乐舞》一书中的独杆轿表演的照片 ◎

黑龙江宁古塔灯官：灯官必须具有踩高跷能力。灯官在春节这几天拥有七品县官的权力，负责春节期间的工作和社火活动。从正月初一开始，灯官穿上官服踩着高跷，坐在两根扁担制作的“轿”上，由演员扛着巡视。

沈阳灯官：沈阳地区的灯官表演通常着清代官服，骑在一条长扁担上，由两名演员扛着走会，还有灯官夫人、衙役和丫鬟多人陪伴，沿路检查点灯的情况。

辽宁凌源市灯官秧歌：康官营子的灯官秧歌也叫“菩萨圣驾灯官会”，展示的也是灯官和灯官夫人及衙役挨门挨户查灯的内容。

七、河南地区

根据《河南省志·文化志》的记载，全省各地都有抬花轿：上蔡、汝南县等地有独杆轿、撇捍轿、扁担轿；林州、安阳、焦作等地有抬皇杠；新安县等地有抬龙辇；前县等地有抬辇台；通许县等地有二郎神抬辇。

焦作地区的皇杠，据说是当地老百姓交皇粮时，用肩抬箱送粮，后来形成了表演。演出时由两名演员扮成抬箱的人，杠长约2.7米，箱子长约1米，由一名演员扮成黄天霸的模样负责押运，表演时用锣鼓伴奏，手不扶杠表演各种动作。高跷皇杠则难度更大，要站在高跷上表演。

由徐杰舜先生撰写、中央民族大学出版社出版的《汉族民间风俗》一书中记录了搜集到的民间风俗，在“游乐百戏风俗篇”中记载有杠箱：

百戏杂耍风俗
万人空巷看社戏
晋地娱人演对戏
号喁会上看傩戏
黔北喜观花灯戏
彻夜立观平安戏
古黔逗趣品地戏
雁北怪戏耍孩儿
掌上耍演傀儡戏
海宁兴演皮影戏
引人耐看盘中戏
打趣逗乐杠箱官
湘北出会做故事
旦乘丑引行彩车
高跷行逗人笑
男舞女唱跑旱船

由此可见，杠箱会的表演在北方地区分布得甚为广泛，在流传中具有良好的口碑，受到了广大百姓的喜爱。

第七节

杠箱会的兴衰

杠箱会一直流传说是始于明朝，根据考证和隋少甫先生回忆，杠箱会宋朝就有，可能始发于宋朝或更早，但具体的时代和创始人因年代久远已无法考证。而兵部杠箱会始于清代确属事实，为清朝兵部管理和供养的香会。

杠箱会的发展有三个时期。一是发展期。明清两朝杠箱会主要在北京及北方省、市、地区表演，因杠箱会的历史溯源和北京地区政治文化的优势，在清朝皇宫中多为皇帝表演，承担了皇室的朝拜等活动任务，所以在人员、资金等方面有了充分的保障，得以迅速发展。

二是兴盛期。清朝时由于康、乾两代皇帝的重视，杠箱会在此阶段的发展达到了高潮。作为六部衙门演练形成官办的内八档香会之一，杠箱会成为兵部演练的香会，被定名“兵部杠箱会”（或称“兵部引善杠箱圣会”），代表兵部为皇家和民间表演，从此成为官办的香会，其中的灵魂人物——杠箱官被定为七品官阶。兵部杠箱会也因而成为半官半民的皇家表演团体，使香会这一形式提升为政府行为。

四月初一至十五，该会去北京最大的庙会妙峰山表演，酬神献艺。清康、乾时期，杠箱的数量为八只，到清末为四只，可见杠箱会的发展受到国家社会变化的影响。据隋少甫回忆说：“清同治年间，慈禧太后为同治求福，就去过妙峰山朝拜，先后去过三次，都带着内八档香会去妙峰山表演。大约在1899年农历四月十三，慈禧太后最后一次去妙峰山朝拜，这也是‘兵部杠箱会’最后一次在妙峰山表演， 距今已有100多年历史。”

清光绪年间的《万寿山过会图》有兵部杠箱会的绘画内容，描绘了皇帝、慈禧太后和大臣们在颐和园观看香会表演的场景，全面地展现了该会的构成情况。清代绘制的《妙峰山进香过会图》也呈现了杠箱会走

◎ 清代《妙峰山进香过会图》描绘了杠箱会走会的场面 ◎

会的场面。此两幅画是清末兵部杠箱会兴盛状况的图像蓝本。

清朝时北京有“梨园行祭祀祖师爷”的习俗。每一个行业都有祖师爷，北京的梨园行供奉的祖师爷是唐明皇，在北京南城珠市口附近有个精忠庙，内有梨园行会集资修建的一座喜神殿，里面供奉的就是唐明皇。三月十八是唐明皇的诞辰日，梨园行一般要隆重祭祀，祭祀由三部分组成：迎神、献戏、送驾。

旧时，每年的农历三月十八，北京梨园界都停业一天祭祖，早上由梨园邀请的各档香会走会表演，从精忠庙出发到南横街的城隍庙迎神。众香会在庙前空场演练一番，前引指挥各香会返回精忠庙，但是不能原路返回，而是往西到菜市口再经天桥返回精忠庙，在精忠庙口再表演一番。走会的各档香会规模很大，浩浩荡荡边走边演，甚是壮观，香会队伍由前引带领，按顺序行进，头一档子会是开路，后面跟着的是五虎棍、高跷、中幡、耍狮子、杠箱、跨鼓等。他们走在北京的大街上，吸引众多百姓，两旁围观人群人头攒动，争睹风采，成为北京地区一大重要走会活动，也是杠箱会在北京城内踩街走会的重要走会活动之一。

三是衰落期。随着清王朝的没落，内八档由宫廷流传到了民间。演员们为生活所迫各自离散，最后一任杠箱官隋星甫也离开了他热爱的杠箱官的演艺生涯，开货栈维持全家的生活去了。此档香会基本不复存在，兵部杠箱会的实体演出在北京范围内就此沉寂，这一停就是近百年的时间。

让我们通过一段文字记录来回忆当年盛世之时，百姓眼中的民间香会和杠箱会的走会情景。在《北平俗曲·妙峰山》中，记叙了一位北平城里的贵妇人游览妙峰山的全过程："有一位好善的贤良，心中只想把妙峰山上，老娘娘驾前去进香。清晨起，唤海棠：吩咐来喜与老王，叫他们速去套上车一辆，要大鞍儿搭后档，套上银鬃子带着荔枝黄，支上宝蓝洋绉的过凉帐，倭缎围子亮纱窗。吩咐已毕才把楼上，净面巧梳妆，这佳人打扮的整齐，时款相样，乌云巧挽过梁的纂，金耳挖子玉偏方。穿一件棉纱的衬衣是绛色，周围的绦子把边厢，上套坎肩是虾青的线绉，时兴的顾绣八吉祥，戴上金刻套的珐琅扁，登上薄底儿福字履一双。海棠回来忙跪禀：诸样儿事俱已停当，请问老太太往何处逛？奴才好去预备行囊，主人施恩赏一个地方。大奶奶闻听她心中喜：我许下愿朝顶进香，快备行装，惟恐怕外面多寒冷，多带绵衣裳。早晨的点心也不用，只要一碗燕窝汤。伙食车叫他头里走，早斋就在八里庄。丫头们过来听吩咐。带着秋桂与兰芳。两个老妈足以够，就是冯嫂儿和老黄，借此为由我逛一荡，散闷乐非常。急忙忙步出仪门将车上，头里的顶马在车旁，后面的仆从闹闹嚷嚷，蜂拥恰似一窝狼。车原代步如闪电，霎时来到八里庄。遇见一当儿子弟玩意儿，小广字的花砖与坛子王。村外的茶园都有雅座，款步走进小茶坊。众仆人才忙设酒宴，各肴馔摆列成行。用毕之时才写上账，一路走慌忙。不一刻来至了三家店上，丫鬟传说找地方，大奶奶有话喝干榨，仆从个个尽着忙。拣了一座清雅的干净茶馆，预备主人饮琼浆。迎面来了少林五虎棍，人烟拥挤，尘垢飞扬。好乐的接住说赏个脸儿，耍的是对棍对刀与对枪。东马市的狮子又来到，探海摔山带着蹿房。这佳人才轻舒玉腕慢饮茶汤，眼望着一片汪洋。款步出茶社，坐在椅子上，别名叫爬山虎，抬得更稳当。刚刚儿才把浮桥上，你们听吩咐，别要走慌忙，今年我头一荡，这可怕得慌，这河水好似芝麻酱。过河上了岸，来到陈家庄，路北有茶棚，磬声儿当啷啷。道了个虔诚把香降，拿出了万人缘会首拜求央，众人是圣人，行善的姓名香，预备下粥茶接来往。大奶奶善心动，接下了八百张，一个银一两，这还不算强，问明了门氏将斋让。来到西北涧，布施了银一箱，过了十八盘，阴山要歇凉，水泉的都管齐来看望。桃园走了半晌，过去到南庄，来往的人不少，个个都请着香，樱桃沟花炮天天儿放。天气不早了，不久落太阳，找房歇歇气儿，肚子里饿得慌，伙食盒子齐都摆上，饱餐了一顿，复有（又）走慌忙。来到仰山寺，供的是药王，此处必须将香降，拳膝忙跪倒，求告老灵光，叩首三进礼，弟子本姓郎，保佑我一生长无恙。举步往前走，瞧见事儿一桩，浑身三道锁，为母去拜香。孟尝岭不远真可逛，看见香风岭，山高路又长。来到涧沟内，松棚要拈香，听见了秧歌在茶棚里唱，佳人说咱们快着往前走，看一看那热闹排场。只听见鼓旋打得是一等一，小二哥唱的是喝喝腔，忽听那边又来了会，中幡跨鼓和杠箱，这一样儿我从没见，骑着竹杆子喜乐非常，手内拿着一柄垂金扇，衙役三班闹嚷嚷，后边二人抬着木柜，上面系着赤金铃铛，个个儿好似疯狂。看罢了一回才将山上，诚心顶礼去进香，可想着灵官殿上是头一束，上去再拜老娘娘。来至山门忙下轿，从新复又整梳妆。傅老的杠子也来到，盘的是掖脖子倒挂紫金梁。这奶奶上了丹墀忙跪倒，吩咐丫鬟忙焚香，这一个献上白檀与紫绛，那一个火燃了真藏香。这佳人她忙取签筒祝告娘娘，发慈悲，保佑弟子百岁成双。求了一支上上上，一世永安康。”

这首词曲中使用了大量的笔墨描述所看到的香会，有花砖、坛子、少林五虎棍、狮子、高跷、中幡、杠箱、杠子八档会。由此可以看出民间香会在百姓生活中的重要地位和受欢迎程度，特别是杠箱会和杠箱官，更是受到百姓的喜欢。

第二章 北京杠箱的振兴和发展

第一节　北京杠箱的发现

第二节　北京杠箱的恢复

第三节　北京杠箱的特点、价值和特征

第一节

北京杠箱的发现

一、寻找兵部杠箱会传人

2003年10月，联合国教科文组织通过了《保护非物质文化遗产公约》，中国政府成为缔约国之一。2004年年底，根据党的十六大提出的要“扶持对重要文化遗产和优秀民族民间艺术保护工作”的指示，文化部立即做出了相应的部署，随后在全国范围内开展了一项“民族民间文化普查”工作，为建立完备的非物质文化遗产保护体系打下坚实的基础。

原崇文区作为传统手工艺聚集区，老艺人众多，非遗项目底蕴深厚。因此，原崇文区极其重视民族民间文化保护项目的普查工作。为贯彻落实《崇文区关于实施“民族民间文化保护工程”的意见》精神和区文化委关于民族民间文化保护工作会议的部署及要求，搞好普查工作，原崇文区文化委和文化馆组织和培训了一批普查人员，笔者就是其中之一。在2004年11月进行的业务培训中，明确了民族民间文化保护项目普查工作的目标和范围。培训结束，笔者回到工作单位——崇文门外街道办事处后，组织上明确此项工作由笔者负责。如何开展工作笔者心里也没底，只能按照上级指示推着走。随后，崇文门外街道全面开展了民族民间文化保护项目的普查布置工作。

面对完全陌生的事物，笔者不知道应该如何下手，只能摸着石头过河，不断学习相关知识就显得尤为重要。根据联合国教科文组织颁布的《保护非物质文化遗产公约》中对“非物质文化遗产”的定义是：“被各社区、群体，有时为个人，视为其文化遗产组成部分的各种实践、观念表述、表现形式、知识和技能及其有关的工具、实物、工艺品和文化场所。”各个群体和团体随着其所处环境、与自然界的相互关系和历史条件的变化不断使这种代代相传的非物质文化遗产得到创新，同时使他们自己具有一种认同感和历史感，从而促进了文化多样性和人类的创造力。

文字说起来容易理解，实际操作起来所遇到的具体情况却并不容易！普查工作初期，这个算不算？那个是不是？普查、鉴别后竟然一个项目都没有。崇文门外地区是北京历史上著名的手工艺和贸易地区，尽管进行了大面积的拆迁，但不可能一个项目都没有。如何全面地开展普查、挖掘项目，如何突破局面，诸如此类的种种问题使笔者冥思苦想，终于想到了一个办法，就是召开由各居委会文化主任及已知民间老艺人参加的民族民间文化保护工程座谈会，将群众头脑中的线索引出来，就可以顺藤摸瓜找到项目传承人。

笔者在会前梳理手里所掌握的线索看是否有能挂上边儿的项目时，想起2004年4月，在崇文门外街道文教卫体科召开的一次“学习型家庭研讨会”上，一位老先生在发言中提到，崇文门外北官园住着一位有绝活的老人叫隋少甫，人称民间花会的“活化石”，可以把箱子在身上来回耍着玩。当时是这么听的，也是这么理解的，后来和隋少甫谈过之后才知道想象的不对。对大多数老北京人来说，听说过耍飞叉的、耍大刀的、耍中幡的，还没听说过耍箱子的，这事儿听着就新鲜！对民间艺术

◎ 召开民族民间文化保护工程座谈会 ◎

比较喜欢的笔者就做了记录，准备适当时候去拜访。笔者想到此处，于是翻阅当时的会议记录得知提供情况的是孙家汇老先生。笔者通过居委会与孙家汇老先生取得了联系，了解情况并请他参加座谈会。

2004年11月30日上午，崇文门外街道召开了由居委会主任和地区知名人士、老艺人共40人参加的民族民间文化保护工程座谈会。会议传达了上级精神，区文化馆主管民族民间文化保护工程的李春清老师讲解了普查知识。与会人员座谈了本地区民族民间文化的特点，提供了许多关于普查的重要线索。为确保民族民间文化保护工作的顺利开展，会议提出“三个深入”的工作目标：（1）深入街头巷尾，调研、了解保护项目在本地区的分布情况，绘制分布图表。（2）深入到户寻找掌握民间艺人情况，记录整理民间艺术资料，建立档案。（3）深入研究科学普查摸清地区家底，论证确定重点保护的传承项目。与会代表满腔热情地表达了对保护民族民间文化的迫切心情，并表示要积极投身到这项功在当代利在千秋的民族民间文化保护工作中去。会上，孙家汇先生讲述他所了解的老艺人隋少甫的情况，区文化馆主管该项工作的老师也认为这是一个很有挖掘潜力的项目。会开得很成功，取得了很大成果，崇文门外地区的非物质文化遗产普查工作正式步入正轨。

这一做法上报给区民保办公室后，又由区民保办公室作为普查工作的第一条成功范例上报给市民保办公室，进而推广成为指导全区乃至全市的普查工作经验。

座谈会过后，隋少甫和他的杠箱会成为崇文门外街道普查的重点。笔者在调查了隋少甫的基本情况后，于12月2日联系大桥居委会了解了隋少甫的住家情况，并在居委会主任的陪同下看望了隋少甫。第一次的探望让我们对这位老艺人和他的杠箱会有了大致的了解和认识。

隋少甫1920年生于北京，出生于香会世家的他，11岁时曾拜奎世峰先生为师，学习车技，后又拜在京城四大前引之一——景荣先生门下，学习会规，1940年任万里云程踏车老会会首，新中国成立后成为中国杂技团首批车技演员。1984年，隋少甫帮助恢复了龙潭庙会，1985年至1987年又帮助恢复了地坛庙会，1990年帮助恢复了妙峰山庙会，2001

年和2002年分别主持恢复了丰台区看丹药王庙会及华声天桥庙会。隋少甫曾是北京花会的老会首，精研各花会表演，被尊称为花会界的“活化石”。他的父亲是清代最后一代杠箱官，隋少甫从小得到父亲的传授，是兵部杠箱会的唯一传人。在2004年6月7日的《北京晚报》有其详细介绍。隋少甫和著名民俗学家王作楫曾一起著有《京都香会话春秋》一书。

随后，笔者将杠箱会的情况写成材料上报区民保办。报告如下：

崇外街道申报民族民间文化保护项目之一

清代老北京绝活“杠箱会”及其传人

杠箱会介绍

清代皇宫里出现了八档香会，称为内八档，分别为兵部的杠箱、礼部的中幡、户部的秧歌、工部的石锁、吏部的双石、刑部的棍、老太府的花坛、掌仪司的狮子，后流传到民间。同治年间同西太后去妙峰山朝拜是杠箱会最后一次表演，之后沉寂。

杠箱会所表演的是杠箱官的风趣断案，所以杠箱会一直供奉狱神皋陶为祖师爷。杠箱会讲述的是贾家楼三十六友结拜劫皇纲的故事。

杠箱属于民间走会的项目之一。杠箱为一长约80厘米，宽、高各50厘米的木箱。木箱四周绘画着一些戏剧人物，上方挂有会旗和小铃铛，中间用竹竿穿过。杠箱会表演时，通常在前头有8个人抬着4个有铁环的箱子（乾隆年间为16人8个箱子），抬者有时翻跟头，有时跳着走，手不能碰竹竿，要求表演技巧的动作与箱子上的环子的声响节拍一致，不得有丝毫错乱。在抬箱子的后面，用一善于抓哏打趣的演员扮成官员，称作“杠箱官”，身穿大红袍，头戴圆翅纱帽，嘴上饰短须，骑在一根竹竿上，后撑一顶大伞，当为坐在轿子上。观众随意向骑在竹竿上的官员告状打趣说笑，杠箱官接到诉状，还可唱一段，内容要诙谐。清代初期时还曾表演过“县太爷出巡”的故事。官员前一般有4个打牌的演员，扮演举着“肃静”“回避”牌的衙役，他们边走边喊，表示开道。官员也假装摆着官架子，甚为滑稽。在《京都风俗志》《北平指南》

《北平风俗类征》《百本张钞本》中均有记载。

杠箱会唯一传人介绍

隋少甫先生1920年出生于北京，出生于香会世家，11岁时曾拜奎世峰先生为师，学习车技，后又拜在京城四大前引之一——景荣先生门下，学习会规。1940年任万里云程踏车老会会首。新中国成立后成为中国杂技团首批车技演员，1984年参加组织龙潭庙会，1985年组织了地坛庙会。84岁的隋少甫老人曾是北京花会的总会首，精研各花会表演，被尊称为“花会界的活化石”。他的父亲是清朝最后一代杠箱官，隋少甫从小受到父亲的传授，是现杠箱会的唯一传人。在2004年6月7日的《北京晚报》有详细介绍，曾著书《京都香会话春秋》。（隋少甫口述，张艺军整理）

崇外街道文化中心

2004-12-6

原崇文区民保办立即向市民保办做了汇报，2005年1月7日，北京群众艺术馆副馆长石振怀、原崇文区文化馆副馆长武良田等领导特地去看望了隋少甫老人。经过了解，一致认为兵部杠箱会是一项很有价值的民保项目。探访结束，走出隋少甫的家门后，石振怀副馆长说：“这将是一个极有价值的民保项目，应充分予以重视，要深入挖掘整理，尽快纳入普查保护计划。”他还就隋少甫老人提出的天津市还有杠箱会的信息安排了调研事宜。

◎ 原北京群众艺术馆副馆长石振怀、原崇文区文化馆副馆长武良田和崇文门外街道办事处的领导探讨杠箱会的事务 ◎

几天后，笔者陪同武良田副馆长、区文联秘书长于永香、崇文门外街道文卫科长尹彩云再次探访了隋少甫，准备就杠箱会的情况再次深入了解时，在他家碰上了也来拜访他的北京民俗专家王作楫先生。说起兵部杠箱会的价值及保护意义，王作楫当即给予了充分的肯定，这更加坚定了笔者拿下该项目的决心。

二、深入采访搜集资料

2005年春节过后，北京群众艺术馆副馆长石振怀、市群艺馆民保部主任赵怡平、副研究馆员陈海兰、民保部王媛、原崇文区文化馆副馆长武良田、区文联秘书长于永香、崇文门外街道文卫科长尹彩云同笔者等九人，一起去天津市调研杠箱会的流传情况。在天津市群艺馆副馆长刘新森、调研部副主任刘文燕等人的陪同下，赴南开区文化馆考察，得到了南开区文化局副局长穆霖、南开区文化馆主任杨陆深和舞蹈家钱志强的热情接待，进行了座谈并观看了录像，随后赶往天津市葛沽镇了解他们那里的杠箱会的情况。

◎ 在天津市葛沽镇了解杠箱会的情况 ◎

经隋少甫介绍，当初北京鳄鱼湖公园准备帮助恢复杠箱会，还制作了杠箱道具，石振怀副馆长立即进行寻找，因公园改制没有找到杠箱。据说蟹岛曾收藏有杠箱，也未寻到踪迹。

2004年12月至2005年7月期间，笔者一有空就去隋少甫家里搜集资料，几乎每星期都要去两次。但工作并不是一帆风顺的，就在笔者对隋少甫进行连续调查采访，搜集有关兵部杠箱会的全部资料，以便申报其为重点保护项目，免遭失传、绝迹之危时，隋少甫却突然不说了，不但拒绝笔者登门采访，更不肯再对笔者述说有关兵部杠箱会的实质内容，弄得笔者云里雾里摸不着头脑，搞不清他的态度。此时老人已是85岁高龄，孤身独居、体弱多病，随时都有可能辞别人世。而一旦出现这种情况，兵部杠箱会这一极具京城民俗价值的非物质文化遗产项目也将随着隋少甫这个唯一传人的去世而从此湮灭。笔者反思之后并没有放弃，时间不等人，于是采取了两方面同时进行的办法。一是继续登门联络感情争取采访，一次次地登门拜访，帮助老人解决一些生活中的实际困难，反复宣讲政府实施民保的真实意图和重要意义。可尽管如此，老人仍固执地不予配合。二是从其他的方向搜集资料。笔者利用工作之余、双休日时间，去北图，进首博，在历史文献中搜寻和杠箱会一切有关的资料和信息，一旦从历史资料中搜寻到某处有过杠箱会的踪迹，便前往调查了解，密云的古北口、京西的妙峰山、丰台的十八村、河北的井陉等地

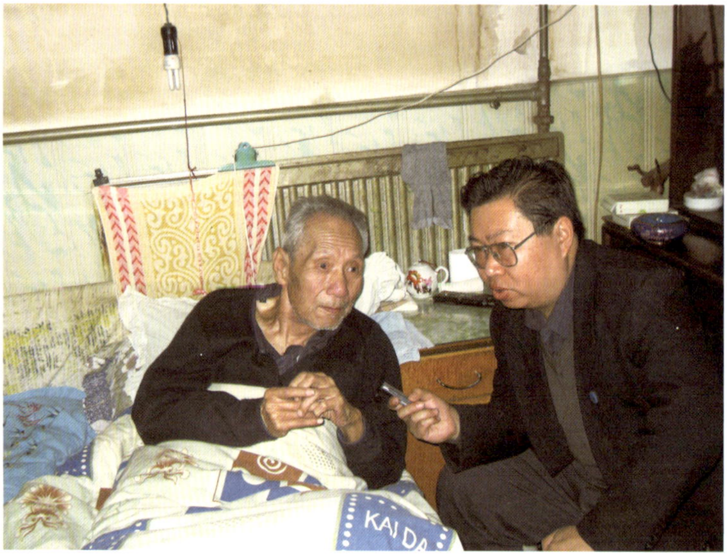

◎ 笔者采访隋少甫先生 ◎

都留下笔者的足迹。通过不懈努力，笔者搜集到了大量有关杠箱会的口述、文字、图片、实物等资料，对北京地区的杠箱会的历史渊源、发展、传承、表演形式、技艺特点、风格乃至与之有关的花会会规、组织形式、历史地位等有了全面的感性认识。在随后的一次次探访隋少甫的过程中，他虽然依然闭口不言，但没想到笔者却打开了话匣子，对北京地区的杠箱会的渊源、人物、掌故、发生过的历史事件和体会看法娓娓道来，这令隋少甫大为震惊而后是感动。后来隋少甫才说明为什么不配合，原来是怕笔者假公济私，窃取技艺，另有他图，坏了规矩。经过这段插曲之后，隋少甫也终于对笔者敞开了心扉。在掌握了大量历史文献资料的基础上，笔者废寝忘食、挑灯夜战地撰写资料，又充分利用自己的美术绘画专长，以图文并茂的形式全面介绍了兵部杠箱会的历史由来、现状以及表演形式、技艺特点和使用道具等。

第二节

北京杠箱的恢复

一、兵部杠箱会的前期恢复工作

2004年12月，原崇文区非物质文化遗产保护办公室召开会议，布置联合挽救兵部杠箱会的工作。经过笔者对隋少甫生前的多次采访、录音、搜集资料的整理，基本探明了兵部杠箱会的情况，于2005年7月8日完成了《北京“兵部杠箱会”解析集》这一资料集。此集对崇文门外地区民保普查中发掘的清代兵部杠箱会的表演内容、历史背景和研究成果进行了具体论述，对表演动作、服装及道具制作了详细的图谱。

◎ 完成《北京“兵部杠箱会”解析集》◎

当时85岁的隋少甫因腿部有伤，长期卧床无法现场表演，所以采取了编绘图谱和文字记录的方式，作为永久性记录。该集是当时唯一一部记叙兵部杠箱会的图集，当笔者将图集送给隋少甫审阅时，他两只略有浑浊的眼睛烁烁放光，频频地点头说：“就是这个样、就是这个样……”当时同笔者一起去的《北京晚报》记者李莉见证了这个激动时刻。

相关链接

农大每年百万基金
重奖“重量级”科研成果

从今年7月开始，中国农业大学将开始实施新的《科技成果奖励(暂行)办法》。据悉，根据这一新办法，农大今后每年都将设立100万元特别奖励基金，奖励以中国农业大学为第一作者和通讯作者单位在《自然》、《科学》杂志上发表论文的教师，其中80万以科研经费的形势资助，另20万作为个人奖励。

按照这一新办法，农大科技成果奖励范围包括：获奖科技成果奖励、科研论文奖励、授权专利与新品种等奖励、科技成果转化奖励。办法规定，加强对高影响因子论文的奖励力度，今后论文影响因子小于5.0的每篇学校将奖励3000元，影响因子大于5.0的每篇奖励8000元。其次，对获得国家、省部级科学技术奖的科技成果加大奖励力度，规定对获国家最高科学技术奖的奖励标准为100万元，对国家级科技一等奖奖励20万元，二等奖10万元；省部级科技一、二、三等奖奖励标准分别为5万元、2万元、1万元。对获得省部级哲学社会科学优秀成果奖不同奖项的成果，也制订了不

成为时尚

金额将为北京周边地区的特困学生带来直接有效的帮助。本报记者 阎彤摄 J124

旧京绝活“杠箱会”将失传

崇文尚存最后一位“杠箱会”传人

说起踩高跷、耍中幡、扭秧歌，几乎无人不知，但是说起同为清代皇宫“内八档”之一的“杠箱会”却没多少人听说过。近日，崇文区崇外街道在进行民族民间文化保护项目申报时，发现了这种古老花会形式最后的传人——85岁的隋少甫先生。

清代皇宫里有八档香会，称为内八档。分别为兵部的杠箱、礼部的中幡、户部的秧歌、工部的石锁、吏部的

司的狮子，这些花会形式从皇宫逐渐流传到民间。杠箱会在清乾隆年间盛行，然而在1874年，慈禧为同治到妙峰山乞福之后，杠箱会表演就此绝迹。

杠箱会属于民间走会的项目之一。所谓杠箱是长约80厘米，宽、高各50厘米的木箱。木箱四周绘画着一些戏剧人物，上方挂有会旗和小铃铛，中间用竹竿穿过。杠箱会表演时，通常由8个人抬着4个有铁环的箱子，抬箱者有时翻跟头，有时跳着走，有时换肩，但做动作时手不能离竹竿。

据隋老先生介绍，杠箱会是内八档中惟一一个“半真半假、半公半私”的节目。它的独特之处在于围观群众可以向杠箱官当街告状，所告之状可以是逗乐的玩笑，也可以是真正的案情，如果告的是真案子，杠箱官当即就可以写押票，派人去捉拿案犯。

由于“杠箱会”多年没人表演，而隋少甫先生年事已高，目前崇外街道正在对这一即将失传的花会形式进行抢救和保护。隋老先生说现在要恢复“杠箱会”一是需要钱，二是需要人。隋先生感慨现在想学这门手艺的人太难找了。他说年轻的小伙子练上几个月就可以表演，但现在的年轻人只喜欢唱歌跳舞，对“杠箱

千人同唱
《奥林匹克社

◎《北京晚报》刊登的杠箱会文章 ◎

资料上报后，市、区有关部门对该集给予了高度评价，随后请著名民俗学家王作楫先生审阅。王作楫认为此集全面地反映了兵部杠箱会的内容和表演。两个月后，也就是2005年9月4日，隋少甫与世长辞。临终时，老人显得十分安详，没有任何痛苦地走了，因为他知道，他毕生的心愿——恢复兵部杠箱会的愿望将不再是梦，一定能实现，兵部杠箱会的技艺也将再现历史的风采，长久不衰地传承下去。

兵部杠箱会在隋少甫的父亲隋星甫那一代沉寂，在隋少甫这代继承，又将在他的徒弟这一代重振雄风。笔者想，隋少甫的遗憾只是没有亲眼看见兵部杠箱会的重现展演，不过这一天已经不远了。隋少甫的徒

◎ 随老去世，他的徒弟和会友们按照民间传统的方式举行了送别仪式 ◎

弟和会友们按照民间传统的方式举行了送别仪式，媒体也做了相关主题报道，缅怀这位北京民间花会的老艺术家。

2007年年初，兵部杠箱会以“北京杠箱”的名称被原崇文区政府确定为入选首批区级非物质文化遗产名录的项目，并向社会予以公布。

2006年10月至2007年4月的半年间，原崇文区文化馆邀请包世轩、王作楫、于志海等知名民俗专家和隋少甫的弟子黄荣贵、赵宝琪、孙忠喜以及该项目的有关人员，连续多次召开关于恢复兵部杠箱会的研讨会。专家们认为，兵部杠箱会在民间舞蹈类中独具特色，该会采用了杠箱官出巡审案的表演内容，将审案与民间舞蹈、杂技等表演相结合，“艺中有技，技中有艺”，文武并举，多种技艺融为一体，具有艺术性强、技巧要求高、半官半民、上下互动、内涵丰富等特点。虽然自清亡后，兵部杠箱会表演已沉寂近百年，但如果能够完整再现，对非物质文化遗产保护工作来说，必将是一大成果。

于是，2007年1月，原崇文区文委牵头建立恢复兵部杠箱会的组织机构并召开专家论证会进行研讨，确定由原崇文区文化馆、文联和崇文

◎ 召开关于恢复兵部杠箱会的研讨会 ◎

门外街道办事处联合组织恢复表演，形成了以隋少甫的二徒弟黄荣贵、五徒弟赵宝琪为指导，有关专家为顾问的工作队伍。

2007年2月25日，原崇文区非物质文化遗产保护工作办公室召开了恢复崇文区级非物质文化遗产项目“北京杠箱”第四次座谈会。此项目在有关专家的指导下，在经过长时间的调查、研究，撰写论证报告和多次座谈的基础上，明确了兵部杠箱会的历史定位，初步解决了核心表现内容等难题，确定了兵部杠箱会的恢复排练脚本。

此次会议对兵部杠箱会的恢复起到了重要作用，体现在以下几个方面。

1. 按照兵部杠箱会传人隋少甫及其弟子黄荣贵的叙述，对表演内容、人物、动作、服装、道具等要求进行恢复，保持其原汁原味。

2. 聘请有关专家并查阅相关资料进行论证指导，使其具有历史根据。

3. 由于兵部杠箱会具有高难度技巧，在区文化馆的策划组织下，以北京京剧院专业演员、影视武打演员、黄荣贵的中幡弟子和街道传承人队伍相结合，以专业带业余的形式进行恢复排练，使其得到具有较高艺术价值的完整恢复，最后落实到社区传承人队伍进行传承。

同时，会议制订了五年保护计划。

1. 2007年，在原崇文区文化馆组建兵部杠箱会表演艺术团，恢复兵部杠箱会表演。

2. 2008年，兵部杠箱会表演艺术逐渐成熟，扩大队伍，提高其在社会上的影响。

3. 2009年，将兵部杠箱会的表演动作分解，制作、拍摄兵部杠箱会表演资料片。

4. 2010年，根据恢复表演的情况和研究成果，制作一套完整的兵部杠箱会专集。

5. 2011年，培养兵部杠箱会传承人，建立年轻化的表演队伍。

从2007年2月28日开始，兵部杠箱会的参演人员在原崇文区文化馆进行了为期近两个月的紧张排练。古老的宫廷内八档之一的兵部杠箱会不久后将原汁原味地展现在市民面前。

二、兵部杠箱会的恢复过程

在原崇文区文委领导及专家组的指导下，原崇文区文化馆、文联和崇文门外街道办事处密切合作，对入选区级非物质文化遗产名录的兵部杠箱会进行了近两个月的抢救性恢复排练。

兵部杠箱会的恢复工作千头万绪，在区文委主管领导李承刚、王富国的亲自协调指挥和区文化馆魏瑞峰馆长等人的具体组织下，恢复工作有条不紊地进行。以原崇文区文化馆文艺部主任戴静平，北京京剧院付连智、马顺德两位老师，隋少甫的徒弟黄荣贵、赵宝琪为首的专家指导演员的日常排练，依据付连智、马顺德两位老师编制的排演剧本对演员进行了基本功、动作分解及队形程序的训练，付连智、马顺德两位老师对每一个动作严格要求并且结合多年的实践经验进行专人指导，演员们很快掌握了动作要领，通过一个月的训练基本达到了演出标准。

黄荣贵、赵宝琪除了指导演员们的训练外，还有一项重要工作就是

◎ 领导和专家们研讨排练工作 ◎

制作道具。隋少甫生前曾和笔者谈过，做杠箱可以找前门鲜鱼口附近的木器店，隋少甫以前和木器店联系过。由于前门地区大面积拆迁无法再联系到木器店，他们又计划找家具工厂制作，通过商谈工厂也做不了，因此只能自己想办法。好在花会界有个好传统，自己动手制作道具的能力很强，也知道相关制作此类物品的手艺人，于是黄荣贵找了一位做道具很有经验的师傅，但他已经离开北京回到老家河北霸州。黄荣贵、赵宝琪和笔者带着图纸赶到霸州商讨制作问题，根据导演老师的要求先制作一个箱子，运回北京作为训练使用。随后，他们又去大红门竹竿市场买了毛竹，按照杠箱的制作要求，杠子长7米，但运输起来非常困难，进楼更是麻烦，于是黄荣贵、赵宝琪开始琢磨着改进一下，将7米长的毛竹一分为二，一根3.5米长，两节接头在箱子内相交固定，通过多次试验基本改造成功，但是装配起来比较麻烦。现在，存放杠子的地方已经解决，运输车辆上的安装也摸索出了办法，所以已经基本不用两根杠子相接的方法，可以直接拿7米长的毛竹来用。

为了检验训练成果，原崇文区文化馆召开了表演现场展示会，邀请

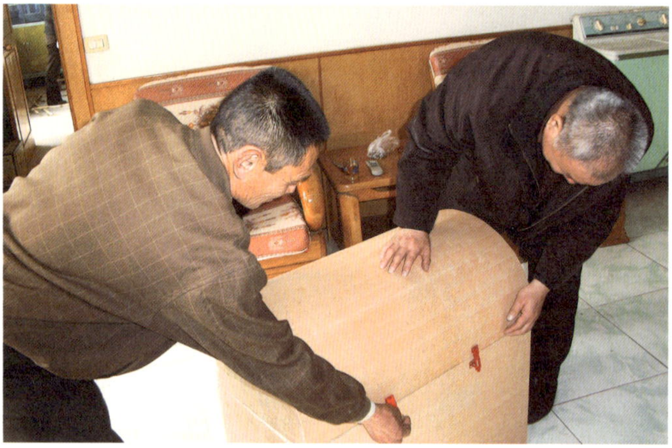

◎ 查看制作杠箱道具的样品 ◎

了北京市群众艺术馆马瑞增馆长、民俗学家包世轩、王作楫等专家来审查，表演展示效果非常好，专家们给予了极高的评价，一致认为体现了兵部杠箱会的动作特点，原汁原味地还原了兵部杠箱会的风采。随后，演员们又根据修改意见积极投入到每天的训练中去，准备迎接正式演出。

◎ 专家们在听汇报 ◎

黄荣贵、赵宝琪和笔者也抓紧时间跑市场，购买所需的物品和制作相应的道具。有时他们为了一个部件要跑半个北京城，箱子上的铜钉和皮子河北霸州没有，他们想方设法从北京旧货市场买到，再由笔者去河北省井陉县调研时送到霸州。一个月后，我们一起去霸州取回了制作好的四只杠箱以及棍、牌等道具。黄荣贵、赵宝琪和孙忠喜他们又制作了箱子上的会旗、铃铛，走会用的开道旗、伞、屏等其他道具。原崇文区文化馆的戴静平主任也准备好了演员所用的服装，聘请了化妆师。

2007年4月2日，所有演员、道具转入即将正式展演的场地——原崇文区隆安寺内，进行表演前的彩排。通过多次合练，演员们对即将到来的公演已是胸有成竹了。

◎ 在原崇文区隆安寺内进行彩排 ◎

三、兵部杠箱会首次展演

2007年4月6日下午，原崇文区文化馆、文联和崇文门外街道办事处在隆安寺联合举行了原崇文区“非物质文化遗产‘北京杠箱’公演活动”。古老的宫廷内八档之一的兵部杠箱会在沉寂了近一个世纪后，又回到了人们的视线中，使现代人又能目睹100年前兵部杠箱会的风采。

黄荣贵带着全体人员向来宾施礼后，表演正式开始。

一声“起——杠”后，黄荣贵做前引，两个挑着屏的紧跟。每个屏上插嵌着黄色三角旗，被称为“黄旗黄幌”，说明该会是皇会，上写“兵部杠箱”，系着铃铛，随着屏的抖动发出“叮当”响声。后面是四衙役鸣锣开道，其后是手握“肃静”“回避”牌的衙役，再后面是四只杠箱，绕场一圈。一行人随着节奏，迈着舞步前进，展示着皇会的气势。然后围成一个半圆形。黄荣贵指挥众杠箱表演震步、换肩等集体动作，之后是两箱一对，表演各种杠箱高难度的动作技巧，随后是单个杠箱表演，随着杠箱上铃铛铜环发出的声音，两人有节奏地表演趴虎、侧手翻、滚杠等技巧。

只见演员们将杠子在两肩之间换来换去，一会儿又将杠子从肩上顺背滑下去，用脚来个倒钩，把杠子接住，再顺势往后一抛，杠子又跳回肩上，引来观者阵阵叫好。

杠箱官的表演是全场演出的高潮。四个衙役持木棍出场，书吏引出两人扛的杠箱官，伞夫打着红伞，杠箱官坐在杠上做各种动作，口中振振有词：“我这官儿本不小，前有衙役三班，又有鸣锣开道，下官押解皇纲，朝罢金顶，路经此处即行放告，你们有冤的来诉冤吧。”接着是“审案”，杠箱官用滑稽的语言审案并表演双飞燕下杠、矮子功等动作，随后演员们按顺序排好，衙役再次鸣锣开道，绕场一周演出结束。

北京市文化局、北京非物质文化遗产保护办公室、市文化活动中心、区文化委、文化馆、崇文门外街道的领导、民俗专家、众多新闻媒体及群众观看了演出。专家们对北京杠箱的表演给予了充分肯定，一致表示这是北京市和原崇文区非物质文化遗产工作的重大成就。

◎ 北京杠箱公演活动 ◎

当时在场观看的隋少甫的女儿隋雪雁激动地流下了热泪。著名民俗学家高巍看后也十分激动。著名北京叫卖大王臧鸿看到演出后激动地说："民间的杠箱会我小时见过，没想到在我有生之年还能见到最高档次的兵部杠箱会，真是三生有幸。"时隔五年后的2012年，臧鸿老人去世。

◎ 隋少甫的女儿隋雪雁、著名民俗学家高巍、著名北京叫卖大王臧鸿观看演出 ◎

2007年6月9日，"中国文化遗产日"主题纪念活动在北京太庙举行，北京杠箱参加开幕式并正式向公众演出。演出得到社会各界强烈关注，一致认为"崇文区又救活了一个非常有价值的文化遗产项目"。

2007年 6月，北京杠箱入选北京市级非物质文化遗产名录。仅北京杠箱一项，搜集资料达2万字，图片30多份、拍摄照片上百张，编写论证报告、申报文本、资料书籍近5万字。

第三节

北京杠箱的特点、价值和特征

兵部杠箱会表演时，最前面是八个人抬着四个杠箱，两人抬一个，八个人分别扮演八个传奇人物。抬箱者要做出翻跟头、换肩等各种技巧，要求手不能碰杠子，利用肩、腰、背、肚子等身体各个部位抬箱子，把一只普通的箱子耍得上下翻飞，花样层出不穷。表演时动作要与箱子上的环子拍打箱子发出的声响节拍一致，不能错乱，演员们根据此节奏做到整齐划一。扮演衙役的演员们包括手持开道锣的演员两人、小锣的演员两人，还有手持鞭、牌、锁、棍、旗帜等道具的演员若干。打锣的演员边走边喊，表示开道。最后是骑在一根竹竿上的杠箱官，表示坐在轿子上，旁边有人撑伞盖，后面跟着书吏。整个表演的内容是县太爷出巡问案的场面。观众可随意向骑在竹竿上的杠箱官告状或提出各种问题让杠箱官回答，要求杠箱官善于抓哏打趣，机智应变，不能被问倒。

◎ 兵部杠箱会表演队列 ◎

一、兵部杠箱会的特点

兵部杠箱会流传时间较长，从宋朝到清朝历经四个朝代，而且受到皇家的推崇和百姓的喜爱，说明了它的活力所在，具有集杂技、武术与戏剧相结合的显著特色，可谓“艺中有技，技中有艺”。

（一）兵部杠箱会的表演形式是文戏和武戏相结合

文戏是杠箱官的判案和打趣说笑，武戏是耍杠箱的各种动作技艺。文戏和武戏相结合在戏剧中常见，但在香会中这种情况较为少见。

（二）上下互动性

百姓和杠箱官上下打趣说笑，表演和百姓联系在一起，百姓随机出题表演者即兴发挥，没有固定的台词，完全靠杠箱官的随机应变和超群的智慧，这样的表演很少见，在现代的歌舞、曲艺表演中这样的即兴表演也不多。只有在这几年的一些晚会上可能出现一些上下互动的情况，但主动权还是操纵在台上的演员或是主持人手里，而古人却早已实施并且已达到了如此应对自如的水平。

（三）半官半民，半真半假

兵部杠箱会既是民间表演又带有官方的行为，歌舞戏曲或其他花会表演都只有表演，并没有真的行为性。但兵部杠箱会却可以真的判案写押票，代表了司法部门执行公务，这在其他各项表演中是绝无仅有的，也是区别于其他花会和歌舞曲艺之处，体现了此档会在朝廷中的地位。

（四）表现形式独特

兵部杠箱会采用了官员出巡审案，将真实的审案事务用官方语言和文艺表演的形式表现出来，是一种独特的表现形式。

（五）技巧性强

耍杠箱的两人不用手来扶杠子，而要在全身各部位来回耍，同时还要与箱子上的铁环拍打出的节奏和动作相互配合，技巧性较强。

（六）综合性强

将杂技、舞蹈、说唱融为一体，艺术性强、技巧要求高，是一项综合性的表演。

（七）历史悠久

在明朝就已经开始兴盛，距今已有几百年的历史，根据考证有可能始发于宋朝或更久远的朝代，其历史背景将达到上千年，可见杠箱会的魅力之大、历史之悠久。

（八）档次较高

中国香会有上百档，受过皇封的分三类，最高档的是可以在故宫太和殿表演的内八档，兵部杠箱会就是其中之一。杠箱官享受七品官阶，也可足见它的地位之高。

二、兵部杠箱会的价值

首先，兵部杠箱会是皇家内八档之一，是中国重要的非物质文化遗产，是中国几千年文化历史传统的延续，具有重要的历史价值。

其次，兵部杠箱会是中华民族传统文化的组成部分，是皇宫文化、官府文化、民间文化的综合体现，具有重要的文化价值。它以独特的表演视角，促进了本地区精神文明建设，丰富了人民的文化生活。同时对于现今艺术舞台借鉴古代传统文化具有重要的借鉴价值。

再次，当兵部杠箱会表演时，百姓可以真的告状，杠箱官可以同真正的县官一样判案，给大兴、宛平两地衙门写押票，将人犯押入大牢判刑。这在其他各项表演中是绝无仅有的，对于我们研究古代官吏史、司法史有重要的史料价值。

三、兵部杠箱会的特征

（一）兵部杠箱会的生命所在

杠箱会几百年来长盛不衰，受到百姓和皇家的共同推崇，自有它的不同之处。

1. 反映百姓的愿望

百姓最希望的就是官员的廉政，替他们说话，为他们做主，呼吁出现更多的青天大老爷。兵部杠箱会将审案立于大庭广众之下，为民做主，受到百姓的监督。古语称："衙门向南开，有理无钱莫进来。"可见百姓见官是很难的，有了这个形式，百姓不论富贵贫穷，都能为自己喊冤叫苦，诉说心声，因此受到百姓的欢迎。

2. 代表了皇家的愿望

杠箱官的表演，首先是让百姓有抒发自己怨气的地方，在封建社会，官民是极不平等的，如官员出巡有仪仗开道、回避等规定，群众敢怒不敢言。而有了杠箱官这种表演，百姓可以公开地和杠箱官开玩笑、引逗、耍贫嘴，让百姓出出气。正因为贪官污吏使百姓有冤无处诉，而杠箱官可以利用香会走会的机会巡视乡间，为百姓做主审判，方便了百姓的诉讼，树立了皇家的威信，所以皇家也支持。

◎ 兵部杠箱会 ◎

3. 具有时代性

反映当时政治、经济、文化发展的情况，如康乾盛世时期经济文化发展迅速，社会稳定，兵部杠箱会也就跟着发展壮大。当时的杠箱是八只，而社会的衰退也反映到了杠箱上，随着清朝的没落箱子减少到四只。民国时期军阀混战，外族侵略，民不聊生，兵部杠箱会便在北京沉寂了。

（二）兵部杠箱会的沉寂

1. 政治方面

由一个统治王朝的毁灭到另一个统治王朝的诞生，新的政权对于前朝的文化资源总是进行一番否定和摧残。如秦朝统一中国后对各国的文化的摧残，元朝、清朝入关后对汉民族文化采取一定的压制行为。

2. 经济方面

民国政府不会对清朝的兵部杠箱会给予资助，演员流失成了必然，而且年年战事，兵荒马乱的更不会对兵部杠箱会给予保护。

3. 地理方面

在城市内保存较为不易，特别是北京作为国家政治中心是政治势力争夺之地，战争、自然灾害、经济萧条、外族侵略等因素使城市人口极度变化，保存兵部杠箱会技艺极不容易。

4. 生活环境方面

演员们因生活所困忙于生计，为了生存也只能另寻他处，最后一任杠箱官隋星甫好歹家中殷实，在清朝灭亡后做起了生意，开了个货栈来维持生计。而城市里练就此绝技的人员相对较少，所以综上所述的各种原因，兵部杠箱会在北京地区沉寂近百年。而京西古幡乐、井陉杠箱等，之所以能够保存下来，是因为它们具有很强的地理优势，受到外来政治力量的摧残和社会环境的影响较小。

5.人员方面

兵部杠箱会是集体项目，人员要求较多，演员的身体素质要求高，清朝时由兵部衙门的军官表演，军官们一般都有武功在身，人员不是问题。一旦落入民间，人员就是最大的问题。隋少甫一生最大的愿望就是恢复兵部杠箱会，其中最大的问题就是人员少，难以组织起来。

（三）杠箱会和中国传统文化的不解之缘

1. “杠”

“杠”字有以下几种解释：①一种较粗的棍子。②用来撬开或移开物体的一种简单机械。③运动的器械。④工具。“杠子”从字的释义中不难看出，它是一个较粗的长棍子，具有承担重物的功能，可以是木制或竹制的，也可以是金属的。

杠箱会中的杠子是一根长竿，一般用长度合适又有弹性的毛竹制作。杠箱在表演时需要将箱子上下抖动起来，这样箱子上的两个铜环才能撞击箱子发出声响，所以毛竹最合适。一般木质的杠子，一是短而且材料难找，二是弹性不足。

杠子在民间花会中是一个重要的表演道具，是力量的象征，是中国人表达智慧、技巧和力量的综合工具，玩法各有不同。中国百戏中，杠子和很多的表演项目有密切的联系，而且使用数量较多，只是使用的方式、长短不同。例如中幡的道具是长10米的杠子，只不过是将杠子竖起来使用。中国最早记录的高跷的主要道具“跷”，也是竖起的杠子。《北京竹枝词》一书所载：“扎高脚，农人扮村公、村母，以木柱各二，约三尺，缚踏足下，几于长一身有半矣。”这是说演员将三尺木柱两根踩于脚下来表演。五虎棍的道具“棍”是细而短的杠子。双石头的道具是一根横杠子两端嵌上如磨盘形的大石头。杠子会是以木杠用绳索绑在大车上来表演，像现在的单双杠。

清朝内八档中有五档的道具都与杠子有关，它们分别为兵部的杠箱、礼部的中幡、户部的秧歌、吏部的双石、刑部的棍，可见“杠”在中国人眼中是理想的道具，将它进行横、竖、曲折等造型处理，被中国人发挥到了极致。

2.“扛”和“杠”的混用

“扛箱”和“杠箱”的混用情况比较普遍，经常有人将“杠箱”读、写成“扛箱”。很多的文章和记载也经常说法不一，这主要是因为中国地大物博，语言发音有所不同，“扛”字和“杠”字属于同音字，记录成文字时按读音书写，难免将两字混淆，而且两字表达的意思也非常相似，所以两字都对，都可以使用于同一个项目。“扛”和“杠”都是多音字，“杠”读作gāng和gàng，“扛”读作gāng和káng。“杠”读作gāng时是表示桥和旗杆，读作gàng时是表示较粗的棍子。“扛”读作gāng时是表示用两手举重物和抬东西，读作káng时是表示用肩膀承担物体。综上所述，两个字归纳起来表示用肩膀抬较粗的棍子，从功能上来说正是杠箱会表演的主要内容。

在《清内务府档案》上记录的是“兵部引善杠箱”，《燕京岁时记》和《春明采风志》中都用的是“杠箱”。而《北京百戏图考》中用的是“扛箱”。当笔者第一次听孙家汇老人说该名时，读音是“扛箱会”，所以根据孙家汇老人的解释，笔者理解成了扛着一个木头箱子在身上来回耍着玩儿。后来见到隋少甫谈起“扛箱会”，他的读音是“杠箱会”，于是专门问了一下隋少甫是哪个字，这才确定读音和写法。所以这两个字所指是同一个会，只是读音有别，听音不准容易产生偏差，字形也比较接近，两个名字应该是通用的。

3.“杠”是力量的象征

古代生产力低下，人们为了获取更多的收获与改变生活环境，只能与自然做斗争，所以力气大小起到决定性作用。冷兵器时代力量大小在两军搏斗中同样起到至关重要的作用，所以古人崇拜力量，对有力气的壮汉也推崇有加。古人把表演力量的名词叫“劲力”，表演惊人劲力的演员称为“呈力伎”，如角抵、角力、举鼎等。宋代王溥写的《唐会要》一书中记载“夏育扛鼎、神龟负岳”，说明了这些项目后来的发展情况。“扛鼎”，就是用手举鼎，类似现在的体育项目“举重”。

该项目历史久远，早在战国时就盛行，古人崇武尚力，后来演变成百戏项目之一。《吴子·料敌》一文中提道：“力轻扛鼎，足轻戎马。”《史记·项羽本纪》曰：“籍长八尺馀，力能扛鼎。”表现出了项羽力量之大。张衡的《西京赋》也记载了“扛鼎”等许多精彩的百戏项目，是力量的代表。同时“扛鼎”比喻有大才，能担负重任，也就有了“分量重、地位高”之比喻。如《晋书·明帝纪论》：“晋氏不虞，自中流外，五胡扛鼎，七庙隳尊。”《后汉书·卷三十三·朱冯虞郑周列传第二十三》写道：“虞延字子大，陈留东昏人也。延初生，其上有物若一匹练，遂上升上，占者以为吉。及长，长八尺六寸，要带十围，力能扛鼎。”当代在很多的形象性宣传中会经常用“城市发展的扛鼎之举”来反映重大的建设。

宋朝非常注重士兵的体能训练，宋太祖赵匡胤曾制定政策，根据角力（摔跤）的胜负来增加俸禄，这样大大增强了宋军的战斗力。

“杠”表现为用肩膀或是手臂用力举扛的动作，中幡、扛鼎、杠箱都是人力气和体能的展现。古人崇尚力量，认为人通过力量可以征服自然、改造自然。“杠”的行为就是力量在现实表现上的反映，是人追求力量的象征。

4.“杠”的技巧表现

“杠”的表演看似简单，但在重量的作用下，同时又要表演各种动作，是难度较大的技巧展现。山东沂南县北寨村汉墓出土的壁画《百戏图》内容十分丰富，从左至右分为四部分，展现了杂技演出的主要内容。第一部分表演“跳丸弄剑”和“载竿”。载竿是这样的场景：表演载竿的演员以额部顶着十字长竿，顶端绑着十字形状，上有三个小儿倒悬翻转表演。顶竿者脚下还有七个圆盘，表演者要瞻上顾下，力量、灵巧均达极高水平。

唐朝魏征等人撰写的《隋书·音乐志》记载：“为夏育扛鼎，取车轮、石臼、大瓮器等，各于掌上而跳弄之……”通过记载可知这些表演不光是力量的展示，还是技巧的表现。

无论是力技还是顶竿，都是对人体极限的挑战，是对人体耐力和心理素质的考验。扛举重量惊人，又加上身体的旋转、体位的变化并做各种复杂的动作，演员的力量性、灵活性、准确性和平衡性，就在这千锤百炼的表演中迸发出来，从艺术的角度看，是力量和技巧的结合。

5. 中国人对“杠（竿）”情有独钟

由于古代生产力低下，科技水平落后，精神文化生活也相对匮乏，杠（竿）就成了生产、生活和娱乐的重要工具和道具。杠（竿）几乎家家都有，是人们生活的必需品，极容易获得。南方有毛竹，北方有木材，百姓的生活中离不开这种简单的劳动工具：肩扛的扁担、轿竿、撑船的竿、防身用的哨棒，就连小孩还经常拿着竹竿玩耍。

天津《静海县志》记载，1936—1990年间全县共有43种民间花会。在武术杂技类中记载杠箱会有两道，天津静海县台头镇大六分村有登杆圣会。爬竿是古代百戏中的一个项目，又称上竿伎、戴竿、缘橦，起源于汉代。东汉张衡的《西京赋》中说"都卢捷足缘修竿"。《文献通考》中记载："缘橦之技众矣，汉武帝时谓之都卢。都卢，国名，其人体轻而善缘也。"又载："虽各有异，要之同为缘橦之戏也，唐曰竿木，今曰上竿，盖古今异名而同实也。"寻和缘都是"沿着"之意，橦为"旗之竿也"。爬竿以竿木为表演道具，身体随着长竿向上攀登，并在竿上表演动作，在徐州汉画像石中就有此形象。清朝也有记载，《钦定日下旧闻考》中记载了明朝京师宴中的爬竿戏，《天津天后宫过会行会图》中绘有"胜议扒竿老会"的画面。史静、管淑珍所著《天津皇会静海县台头镇大六分村登杆圣会》一书记有登杆会，认为杆会是一个集体性的民间舞蹈，有人撑杆，也有人登杆表演，充分说明了杠（竿）在中国是极为普及的。

杠（竿）被中国人玩儿得淋漓尽致，发挥了它的最大功能，就以民间花会为例，横着长的可以两人扛（杠箱）、一人挑和耍（民间花会中的屏、双石头），竖着长的可以是旗帜（会旗）、可以是中幡，短的可以是高跷、可以是五虎棍等。在民间花会的每一个项目中都存在杠（竿），即便表演的道具中没有，在整个完整的会中也是有的，如打的会旗、挑的屏等。

6."箱"

"箱"是收藏衣物的方形器具，用皮子、木头制成。汉朝以前有篋笥之称，是盛物的箱笼。例如明朝的大方扛箱，柱高二尺八寸，主要是携带酒食、送礼品所用，穿一根杠子由两人肩扛抬运。明朝《麟堂秋宴图》中就有两人肩扛杠箱的形象。明朝崇祯刻本《金瓶梅》插图集"卖富贵吴月攀亲"中亦有抬杠箱的形象。

《古诗为焦仲卿妻作》又名《孔雀东南飞》，选自《玉台新咏》，是我国古代的长篇叙事诗。诗中写道："妾有绣腰襦，葳蕤自生光；红罗复斗帐，四角垂香囊；箱帘六七十，绿碧青丝绳，物物各自异，种种在其中。"释文：我有绣花的齐腰短袄，上面美丽的刺绣发出光彩，红色罗纱做的双层斗帐，四角挂着香袋；盛衣物的箱子六七十个，箱子上都用碧绿色的丝绳捆扎着，东西各自不相同，种种器皿都在箱匣里面。

◎ 绘画中古代抬杠箱的形象 ◎

由此可见，“箱”在古代人们的生活中有重要作用。

清朝震钧所著《天咫偶闻》中记载，光绪大婚前，在光绪十五年正月二十四的进妆奁的目录中写道：“紫檀雕花匣子二十件，紫檀雕花箱子二十只，紫檀雕花大柜成对……”箱子在中国传统文化、生活、婚姻中是必不可少的，它是装金、银、宝贝、钱财的容器，在古人看来是一种财富的象征。民俗中结婚出嫁，箱子是结婚的必备物品之一，箱子越多表明财富越多。箱子在古代还是运输的容器，一般装较为贵重的物品，古代官家常用来运输钱财。中国古代的朝臣或藩王给皇帝进献的礼品或进贡的贡品被称为“皇纲”，就是用杠箱运输的。所以，《隋唐演义》中隋朝末年贾家楼三十六友结拜劫的皇纲以及施耐庵写的《水浒传》中的一个高潮“智取生辰纲”劫的皇纲，就是装在杠箱内的贡品。杠箱会表演的素材就取材于贾家楼三十六友结拜劫皇纲和《水浒传》中“智取生辰纲”这两个故事。

◎ 民间百姓使用的杠箱 ◎

箱子在现代城市中已不多见，但在一些偏远的地区箱子还是主要家具，而在博物馆、剧团、工厂和库房等单位，箱子运用得也很广泛。

7. “会”

“会”是为一定的目的而由多数人集合或组成的团体。东汉许慎在《说文解字》中解释：“会，合也。”这说明了会就是民间朝山进香或酬神求年成时所组织的集体活动，民间花会是为祭神而组织的活动团体，杠箱会就是民间花会的一个项目。

8. 杠箱会的名称

“杠箱”，由动词词素“杠”和名词词素“箱”合成，动宾结构，即“箱”是“杠”支配的对象。《说文解字》中对两个字的解释是：“杠，床前横木也，从木工声。”“箱，大车牝服也，从竹相声。”杠箱的名称是力量、技巧和财富的体现。杠箱会是具有力量财富的团体。

9. 走会形式

北京民间花会的走会形式包括各个香会在庙会期间前往庙会所在地进香、捐纳、报答神庥的整个过程。香会包括文会和武会，以武会为例，走会顺序有设坛守驾、起程、参驾、朝顶、献档、回香等。当然现代的程序多有变化，比如走会中的吃、行、宿等事务，已经随着现代化交通工具的使用而有所简化。

民间花会去“走会”，其表演形式类似于“祭神的出巡活动”，可以说他们具有共同的目的和形式及相互借鉴转化的因素，甚至可以说基本上是一回事，因为“出巡活动”时民间花会也是主要支撑者之一。

明清时期的庙会沿袭宋、元的仪式形式，北京地区东岳庙的东岳大帝出巡活动、城隍出巡都传承了前朝的遗风。据《中华全国风俗志》记载：“有一村一会者，有数村为一会者，每会都用‘姥姆驾’，舁滕将军神位，驾之周围遍挂纸宝，旗锣伞扇，为驾前驱，巡行各村。驾到时放炮相迎，神威凛凛……”

民间庙会的祭神出巡活动，模式基本固定。在姜彬撰写的《吴越民间信仰民俗》一书中记录了浙江上虞地区曹娥娘娘出巡的前后顺序。由于民间花会等内容的加入，使祭神的出巡活动增加了娱乐性，并随着发展，娱乐性、观赏性被突出出来，宗教性反而降低，现在的走会已完全融入文化艺术范畴中，宗教性意识也已淡漠，这是中华传统文化艺术传承的魅力。

天津皇会在安排上有四个阶段：第一是送驾，农历三月十六；第二是接驾，农历三月十八；第三是出巡散福，农历三月二十日到二十二，这期间，天津的所有各会都会来参加，宗教仪式和民间歌舞在一起，使皇会达到高潮；第四是回宫祝寿，农历三月二十三，最后一天娘娘出巡回来，人们祝寿，各种民间花会舞蹈也在天后宫内表演。天津皇会的组织非常严密，每一项工作均有专人负责，如负责维持秩序的会和抢修道路的会。

在韩声先生写的《迎神赛社礼节传簿四十曲宫调初探》一文中讲述了长子县历史上迎神花会的场面："随后有八音会迎着四抬装有奇珍异宝的'软纲'和四抬油漆彩绘装饰得五光十色的'硬纲'，其软与硬均以抬纲的杠杆能否上下颤动为准……"杠箱会表演中有关杠箱的颤杠动作均展现于此文字中。

10. 杠箱的变异

《妙峰山香会组织的传承与处境》一书中，苗大雷所著的《民间组织荫蔽下的村庄意识——京西古城村秉心圣会研究》一文中描绘了京西古城村秉心圣会的第三档会："四只钱粮筐，钱粮筐用荆条编成，里面装着香蜡纸码和行套，外面用黄色的布围上，布上画有琵琶、镲、蛇、伞，筐沿上插着四面三角拨旗，拴上小铃铛。二人用一根竹竿子抬着，边走摩擦步，边走边颤，发出'咣啷、咣啷'的声音。"

钱粮筐是杠箱的变异，它们具有一致性。杠箱用木箱来抬钱粮，第三档会中的钱粮筐是用荆条编成的，材质不同，荆条钱粮筐里面装着香蜡纸和行套，杠箱会里面装着敬献的贡品。钱粮筐外面用黄布围上，表示它们是"皇会"，兵部杠箱会本身就是官办而且是皇家的内八档香会。钱粮筐在上面画有图案，这和十八村的杠箱类似，表示民间的花会。筐沿上插三角旗、拴铃铛，发出咣啷的声音和杠箱一样，两人抬一根竹竿子和杠箱也一样，边走边颤这也是杠箱的基本表演形式，且表现的也是送贡品。尽管名称不同，但两者在形式和内容上基本一致，可见杠箱表演具有内容形式及名称上的变异性。

11. 杠箱表演技艺

耍杠箱的技艺来源于民间百姓的生活，又受到各种表演武技的影响，所以耍杠箱的技艺是多方面技艺的融合。耍杠箱的技艺也可以较为普遍地在人们生活中寻找到缩影。乡村中农民们用扁担挑物，肩膀累了换肩的动作和耍杠箱换肩的动作基本一致，只是幅度不大，表演的美感不足，而换肩的动作是耍杠箱的基础动作，它来源于生活。古时有一个行当是轿夫，他们抬轿的换肩、颠轿的动作和耍杠箱的动作基本一致，在电影《红高粱》“迎亲”一段中，轿夫就玩了个漂亮的低头换肩的动作，所以有一种说法，如果杠箱会耍杠箱的演员来不了，为了救场就用轿夫去顶替。耍杠箱的技艺很多又源于武术和杂技的基本功，比如下叉、三角顶、翻跟头等，所以杠箱表演技艺是一项综合性的艺术。

第三章 民间花会的会规

第一节　花会的公约——会规

第二节　北京民间花会会规的组成、合法性与价值

第三节　北京杠箱走会妙峰山的会规程序

第一节

花会的公约——会规

庙会上香客成千上万，人员较多，鱼龙混杂，经常会发生治安事件和不文明的现象，这会给庙会带来混乱，造成一定的社会问题。满族诗人得硕亭的《草珠一串》竹枝词中描写道：“都言戏子会当看，抬阁中幡也壮观。恶少花娘齐乱挤，不兴讼狱看来难。”嘉靖年间的《广平府志·卷十六·风俗志》也描写了庙会上为了抢戏班演出而相互争斗的事件。因此，民间香会自发制定了一些规矩，大家共同来遵守，以此规范大家的行为，这就是会规。

一般来说，凡是进香朝圣的各种“会”实为“善会”，表示做善事的意思。会分为文会和武会，文会是为香客服务的组织，如负责茶水的、缝纫的，叫作粥茶老会、燃灯老会等。武会是为香客表演娱乐的，沿路表演即走一段表演一段，到庙里再表演，如杠箱、中幡、开路等。会起名时要遵守会规，历史不够百年的称为“圣会”。圣会是以祝皇帝健康长寿，恭敬他圣贤的名义下建立起来的会。老会一般是指上百年的、历史悠久的会。东岳庙会的碑刻中第一个以“老会”之名立碑的会是1634年的四处进贡老会，是明朝时期建立的会。顾颉刚先生在《妙峰山》一书中写道：“一个香会必须经过了100年，方可改‘圣会’为‘老会’。老会是香会中的领袖，别的香会逢到疑难时，都要去请教老会中的会友。以前有过一个会，他的会众为要急于抬高它的地位，不到100年时就改成了‘老会’，后来竟给别的香会问倒，无法再继续走了，只得又从‘老会’变成‘圣会’。”圣会和老会的名称，证明的是一个会的资历，只要是老会，它就会拥有崇高的地位和优势，其他会在走会时与其相遇都要让它先行。

奉宽写的《妙峰山琐记》中有一段关于妙峰山碑刻的记录：“涉而上之，有万寿善缘缝绽会茶棚，南向，乃京师靴鞋行公立。香客鞋绽代

◎ 妙峰山庙会中的馒头圣会 ◎

◎ 公议助善开路老会 ◎

为缀缀，并施粥茶，始于康熙十二年（1673年），实善会中之最久者。每岁二月，各处帖报启知，戒备亦早于他会。此会远自康熙十二年创立，乾隆四年（1739年）三月初一日插花挂红，嘉庆十八年（1813年）四月十八日内府颁赐黄旗，为现在各会中之最古者，故称'老会'。"

各地香会是为进香香客服务的自发性群众组织，庙会时兴起，结束后解散，自发形成，自发管理，这一形式是对庙会管理的完善和补充。

随着北京政治文化地位的提高，北京民间香会的规模也逐渐扩大，尤其清代皇宫内八档的产生，使北京民间香会达到了高峰。当时，光是伺应皇会的香会就有近80个团体3000多人。北京民间香会分布广泛，范围包括了现在的北京地区及周边范围。北京民间香会的会规也随之发展和完善起来。

原崇文区交通发达，是商品流通发达之地，也是民间艺人聚居之地，是北京市重要的交通枢纽。该处地理环境优越、文化底蕴丰厚，孕育和发展了许多民间艺术形式。当年北京民间文武香会的统一组织称"会口"，就在前门外狗尾巴胡同，掌管着北京民间香会的事务。隋少甫是北京地区花会界德高望重的老会首，也是北京民间花会会规的正宗传人，曾被北京民间花会界尊称为"总会首"，生前就居住在崇文门外地区所属的北官园胡同八号。2005年隋少甫去世后，他的徒弟仍传承着北京民间花会会规这一古老文化。

一、北京民间花会会规产生的历史背景和发展轨迹

（一）北京民间花会会规产生的时间和历史背景

自古以来，北京民间的花会活动就非常频繁，旧时谓之"走会"，凡名刹开放之日即为走会之日。如三月初三东便门里太平宫王母娘娘蟠桃圣会、四月十八妙峰山碧霞元君诞辰、六月二十四崇文门外关王庙祀关（羽）老爷磨刀等，皆为走会之日。

北京民间花会有几百年的历史，各种花会所产生的时间不同，但会规基本是一样的，花会会规大约有不少于300多年的历史。花会会规是各种规则的综合体，清朝皇宫中的内八档有相应的规矩，据说是由皇

宫中一个姓卢和一个姓佟的太监传出的，后来在民间流传开来，例如贺会。清朝内八档中给皇上当差的演员告老还乡后，经济上比较富足，在当地算有钱人，不甘寂寞的演员们继续在家乡搞花会表演，但知名度有限，就用“贺会”的形式来热闹一下，造一下声势。于是把各个花会的会首请来参加贺会仪式，对新成立的此档花会的祖师进行朝拜，表示对新会成立的认可。从此该会就可以正大光明地走会，不再是黑会，可以走会上妙峰山了，此规矩一直延续至今。贺会按顺序来说分为：小约、定会腕、下请柬。贺会当场又有念大表、点香、叫香、见三参、赏红、赏腕、赏鞍旗化、捧铜叫三参、表演等程序。

◎ 民间花会贺会仪式 ◎

左安门外红寺村太平同乐秧歌圣会初建于乾隆二年（1737年），道光六年（1826年）、光绪五年（1877年）进行过重整，民国十四年（1925年）再次重整，重整时有三十六档会来贺会。贺牌写有北京妙峰山文武各档：

东猪市太狮，万里云程踏车；

鞭子巷开路，礼部大执事；
兵部杠箱，地安门开路；
东华门开路，车子营秧歌；
马蓝道太平歌词。
掌仪司太狮，琉璃厂开路；
黑窑厂开路，北新桥开路；
内西华门五虎棍，翰林院五虎棍；
教子胡同少林棍，五斗斋秧歌；
子弟同乐天平。
白纸坊神胆，西河沿少林棍；
东珠市口五虎棍，黑塔子杠子；
缸瓦市杠子，草厂杠子；
冰窖厂杠子，排子胡同亿寿双石；
白纸坊太狮。
角堡神胆，涿州小执事；
达子营小执事，四块玉小执事；
老太府小执事，唐家坟秧歌；
高碑店秧歌，方砖厂太狮；
蒋养房太狮。
恭贺左安门外红寺村太平同乐秧歌圣会。

隋少甫出生于香会世家，新中国成立前是万里云程踏车会的会首，由于车技高超，侠肝义胆，古道热肠，花会知识丰富，且常在各会间传递消息，又是正式拜师学过会规的四小前引之一，所以被尊为京城花会总会首。隋少甫精研各会表演，熟知北京花会的会规。花会非常讲究规矩，会规很复杂，错一点都不行。每个会都有不同的赞歌，这些赞歌也都很复杂，而隋少甫却都精通，所以很多专家都称隋老是花会界的“活化石”。经过“文化大革命”，京城再不见一档花会，直到20世纪80年代初，由四位德高望重的老会首出面组织，在一片瓦砾的妙峰山恢复了花会朝顶。这四位老人分别是秧歌会的卢德瑞、茶会的白德山、自行车会的隋少甫、狮子会的费文通。随着老会首的谢世，懂得花会会规的老人越来越少了。

让我们一起回味一下贺会的盛况。

2004年5月2日举办的群英同乐小车圣会的贺会仪式由西直门外的同心合缘五虎打路会首赵宝琪主持，由隋少甫主持点香，黄荣贵总叫香。贺会流程依次为到场贺会的会首分别叫香、文会为武会开脸、隋少甫为新会“授旗”、新会参驾、打三参、起驾、接驾、安驾等。北京民间艺术家协会主席、北京师范大学教授刘铁梁，北京民间艺术家协会副主席兼秘书长于志海，北京民俗委员会主任包世轩，民俗专家王作楫以及旧宫镇领导应邀到会向小车圣会的成立表示祝贺，并呼吁全社会共同参与、保护和抢救民间文化遗产，让北京的民俗之花越开越盛。北京民俗博物馆也派代表到会祝贺，京城内外近三十档文、武会首前来祝贺，有开路会、五虎少林会、中幡会、高跷秧歌会、吵子会、狮子会、清茶圣会等，场面热烈，堪称北京花会界一大盛事。会后，小车会进行了走街表演，他们的精彩绝活和滑稽扮相，吸引了不少人围观，喝彩声此起彼伏。此次贺会被媒体称为“绝版贺会”。

（二）北京民间花会会规文化传承脉络

关于北京花会最早的会规已无从考证，据说是清朝皇宫中一位卢姓和一位佟姓的太监传出的，之后不详。北京民间花会会规的传承脉络最早已知的是陈永立，后来是京城著名的四大前引——景荣（南果子市茶烛老会会首）、宋文玉（山涧口五虎棍会首）、赵松涛（黑塔寺杠子会会首）、范月川（德胜桥五虎棍会首）。另外，还有其他有名望的前引如刘敬亭、李长福等人，之后是京城四小前引隋少甫等人。现在能够掌握北京民间花会会规的还有一大批传承者，主要有黄荣贵、赵宝琪、张凤领、孙忠喜等人。

笔者曾看到过一本手抄本会规古书，其中详细记述了花会会规的情况。

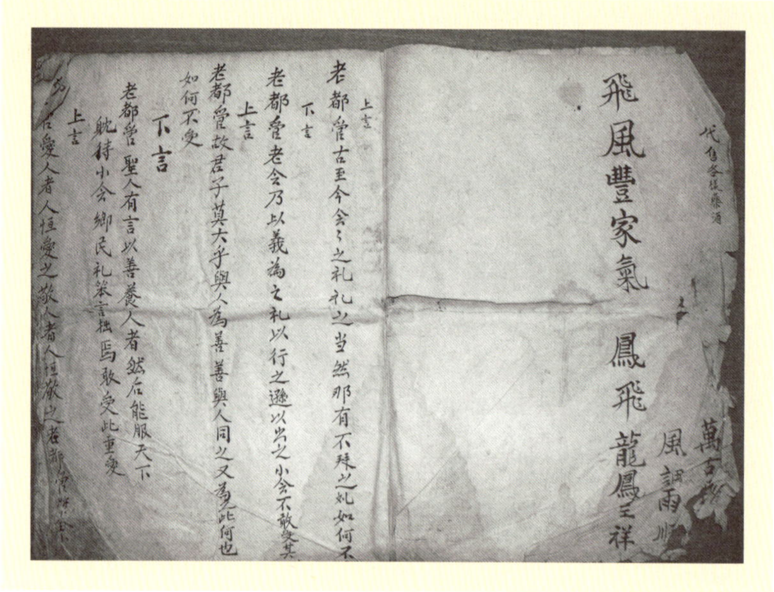

◎ 会规古书 ◎

二、北京民间花会会规形成的必然性

（一）花会会规的形成是香会文化的社会需要

中国的花会有着几千年的发展历史，规范花会的发展是社会的需要，是花会发展的需要，也是广大百姓的需要，社会需要花会在有序、公正的环境下发展。花会文化是人们精神文化的需求及宗教对“善”的美好愿望和祈求，花会表演代表了庙中的一个物件，如杠箱会代表庙中装钱粮的箱子，中幡代表的是旗杆……每档会表演都反映了人们对神佛和庙宇的崇敬。花会表演又把人们喜闻乐见的表演艺术融汇在了演出中，是文化艺术和人们美好追求的结合，所以受到群众的喜爱。

（二）花会会规的形成是花会发展的必然趋势

北京的花会发展有几百年的时间，多时达几百档，参加人员成千上万，难免出现各种问题。遇到问题如何解决、如何达成共识，而法律并没有相关的条例，就需要有花会界共同遵守的规矩来约束会档的行为，花会会规的形成就有了它发展的空间和必然的趋势。

（三）“礼”字是花会会规的实质

中国是礼仪之邦，花会会规指导下的花会活动和程序由始至终突出一个“礼”字，从而表现了对祖辈的敬仰和崇拜，对其他会档的尊重，符合中国人的民族特点。例如，收徒要向师傅行礼，要有相应的仪式；贺会要拜本会的祖师爷，像杠箱会的祖师狱神皋陶、小车会的祖师轩辕黄帝；走会时，后到的会要向先到的会见礼打知等。会规不是法律，但它依靠的是一个“礼”字，即用“礼”来约束人们的行为。

（四）花会会规领军人物的形成

花会会规的统领者都是当时花会界德高望重的老都管（会首），是人们公认的领袖，而不是靠家传，还要考虑会首的师承关系、知识层次、公正性、业务技能和组织能力等多方面，表现出花会会规的民主气氛。民国时花会界是由四大前引统领会规为主，他们过世之后是四小前引统领会规。“文化大革命”期间停会，花会受到制约。20世纪80年代由隋少甫等人主持恢复了花会表演，后来隋少甫成了花会界的领军人物。

（五）花会会规有较好的传承性

花会的会规世世代代通过人们的口传心授传承发展。拜师的仪式反映了会规的延续。花会的拜师并不是我们一般社会上技艺、行业传承上老师教学生的拜师，民间花会表演技艺上的传授，老师教学生不用拜师，都叫作“会友”，而不是师傅。按老理说，只有前引才能收徒弟，举行收徒仪式，传授的主要是会规。当然，现代花会的收徒也和当代社会行业的拜师相融合了，也传授表演技艺。

会规很早就有文字记载，现存的有老会首传下的会规书，还有隋少甫和王作楫先生于2004年合著的《京都香会话春秋》一书及其他书籍文字资料等。

在当代，民间花会会规的传承受到了广泛的重视。随着国家对民族民间文化的重视和非物质文化遗产的保护，一大批年轻的传承者脱颖而出，就以隋少甫这一支脉为例，新的血脉在续写民间花会的传承。

2014年10月19日，在东城区红桥大碗居举行了隋少甫这一支脉的收徒仪式。

众友同心中幡圣会会首黄勇收19岁的学生李子晨为徒。仪式按照中国传统民间花会的收徒仪式举办，北京市民间艺术家协会副主席高巍、东城区文联秘书长李宏及几十个民间花会的会首到场参加仪式。

◎ 举办收徒仪式 ◎

在会场主席台上正中间有一张传承谱系表，可以看出隋少甫这一支脉的传承脉络：

香会传承师承表

第一代：陈永立

第二代：景荣

第三代：隋少甫

第四代：谢永录、张文礼、赵宝琪、黄荣贵、孙忠喜、雷友岐、邵玉田

第五代：黄勇

第六代：李子晨

◎ 隋少甫这一支传承脉络 ◎

（六）花会内部分工细致

按照会规，各个会的工作都有专人管理，如各档会中有钱粮把儿专门掌管后勤工作，有掌管车辆的，还有掌管安全的……由会首掌握整个会的情况。

例如北京著名的妙峰山庙会，各会的组织也是很严密的。在顾颉刚先生所著的《妙峰山》一书中，讲述了顾先生当年看到的碑文，上刻各会的组织结构，举一例。康熙二年（1663年）引善老会：“（1）钱粮都管（2）请驾都管（3）车上都管（4）苦行都管（5）陈设都管（6）中军吵子都管（7）号上都管（8）揆子都管（9）厨房茶房都管（10）拉面都管（11）饭把都管（12）净面清茶都管（13）司房都管（14）本会香首。以上每事或二人，或三人。”

《北平指南》一书写道：“走会内部之组织，可分为两部：一部为角色，专司表演各种技艺；一部为管理会中一切事务。”而会中人员又分为如下各把儿。

一、钱粮把儿：此把儿专管挑担笼子（笼子即会之招牌）。笼箱内装会中应用之零件，每会有笼子四挑，每挑为笼子一对。笼子作金漆之饰，每笼箱上插嵌三角旗四面，上绣会名，皆作四字，与文场会然。旗上并有白色飘带。旗有木顶，谓之佛头，并缀以花穗子，谓之佛须。旗上系串铃，一经挑行其响琅琅，声闻数里。旗之作蓝色者称为蓝旗蓝幌。黄色者为黄旗黄幌。黄旗在走会声誉中最高，前清时非经圣览或举贺，黄旗者不得滥用。本把儿有都管，每届走会时在最前部指挥一切。手执较大之旗，与笼子上之旗式相同，谓之拨子，遥为指挥，谓之前引。

二、大车把儿：本把儿备大车数辆，为会毕时乘坐之用，其杠箱、杠子等会，亦多在大车上表演。

三、中和把儿：本把儿变相之厨师，专司制作或携带会中应用食品等事。

四、神堂把儿：本把儿专司祭神时之仪式演礼及神前应用物品之预备。

以上四把儿为人员部分之组织，每把儿有主事一人，谓之把儿头。至于角色部分，多为青年壮汉，装束齐整，有附属角色之人员，谓之下手。此外尚有会役，管理走会时应摆布之工具、化妆及担挑笼幌（挑笼者身穿黄衣）等事。各组织多系耗财买脸，固需富家子弟担任设备，而角色因嗜好所趋，多有不顾身家而参加者，其热心艺术之精神殊可佳矣。

可见民间香会分工的细致，组织结构的完整，责任落实到每一个人，会规的规范作用是很完善的。

三、北京民间花会会规的作用

（一）形式规范的作用

花会的会规表现形式和反映形式不是随便想如何就如何的，而是由会规加以规范出来供大家遵守的。如大到贺会、收徒的形式，小到写大表的规范，都需要会规来约束。

（二）管理的作用

用会规来规范本档花会中的大小事务，因为花会不同于国家和家庭，国家有法律来规范，家庭有家法来处治，花会只要不违反法令，法律管不了，又不是家庭事务不能用家法，所以用会规来约束人们和本档会的行为。

（三）确定合法性的作用

这个合法性不是法律的合法性，而是花会界的合法性。如新会档成立必须去会口申请，同意后列入花会册，还需要老会首来赠会号、贺会等。

（四）调解的作用

如会档之间发生争执或相互摩擦等事务，就请双方都尊重的德高望重的老会首出面调解，解决纠纷，缓和矛盾。

（五）特定场合主事的作用

如贺会、点香、叫香、开脸等花会仪式，都要请老会首来主持。文会请武会来贺，武会请文会来贺等。

（六）走会的规范作用

走会一般是有固定日期的，如妙峰山庙会是每年四月初一至十五，老会首们要事先安排走会的工作。到了当日又要负责现场的指挥工作，用会规来约束本会的一切行为。如在走会过程中见到文会怎么办？遇到武会怎么办？如何打三参？遇见回香的怎么办？这些都需要通过会规来规范。

（七）传教的作用

老会首要宣传讲解会规，还要收徒传授会规技艺，通过口传亲授使会规传承发展下去，凡是个人参加某档会要先申请，承认会规，学习会规内容才有资格入会。

第二节

北京民间花会会规的组成、合法性与价值

一、北京民间花会会规的特点

花会组织严密、规范而周全，会规是民间花会的重要组成部分，归纳起来第一拜师、第二贺会、第三朝顶进香（出会、进香、表演……）、第四回香。

拜师：拜师是新成员学习花会进入花会界的必要程序，也是传承技艺的凭证。拜师仪式有向师傅行礼等一系列规矩。

贺会：新会档成立时，要由有名望的老会首来赠会名，表示对新会

◎ 会档朝顶进香 ◎

档的认可。从此之后新会可以合法进入民间花会界，正式走会了，会旗上也可写上“金顶妙峰山进香”字样，就可以往妙峰山朝顶进香了。

如果三年没有走会，则该会需“重整”；如果五年没有走会，则必须“重贺”。没有贺过的会、未登记在案的会，被称为“黑会”，不能随意走会，并禁止到妙峰山朝顶进香。贺过会的花会，便在花会界有了正式的地位，可以上妙峰山表演。没有上过妙峰山走会的花会不被花会界认可，必须连续三年上妙峰山去酬神献艺，这档会才算立住。《妙峰山琐记》中记载：“凡社火，以未朝妙峰山者为耻，侪辈轻视之。通例，又以曾经奉御者为‘皇会’，许用黄旗黄幌，且以‘万寿无疆’四字标榜其笼望焉……与各项香会组织最完备之会规，虽然不是国家法律，但各会众心存信仰，皆以触犯规则为最耻，开山之日各路景象一新，香客热烈团结，互相亲爱，欢声载道，虔诚代（带）福还家之词不绝于耳。真有同作佛国民之概。”

一般贺会都要请北京德高望重的老会首点香，20世纪八九十年代，隋少甫等老会首多次担当此任，现在主要由黄荣贵、赵宝琪、张凤领、张加贵等老会首主持。

朝顶进香（出会、进香、表演……）：要去妙峰山庙会，首先要发消息，叫“报帖”。奉宽在《妙峰山琐记》中写道：“山开半月，综各路新旧茶棚、善会，社火，自光绪庚子前以远近岁，见诸各处启帖，暨灵宫殿石刻题名，并汉军寿松崖先生麟钞记者得三百十余数，其实尚不止此：迩来国家，财聚民散，所存不及计一可概也！”他列举了一张报帖的内容：“万寿善缘缝绽老会茶棚，北安河至三十亩地下处。二月初一日起知。三月二十五日呈表发信。四月初一日起程，至三十亩地落宿。初二至沿河三岔涧安坛设驾。十一日朝顶，仍回本棚。十三日攒香封表。十六日回香。”这是花会在交通、通信落后的情况下对自身的一种宣传方式。

各香会到妙峰山进香的前一天要洗澡、守夜，早上起来烧起驾香，天不亮就坐上马拉的大车出发。进香期间不能喝酒、吃肉。走两天到三家店，将大车存在三家店，再走一天到妙峰山。当然，还有其他三条路，《妙峰山琐记》中有一段："都人士进香之路，最著者四：曰'中道'，大觉寺也；曰'中北道'，北安窠也；曰'南道'，三家店也；曰'北道'，聂各庄也。"

以前到妙峰山，去三天，回来三天，进一次香要六天的时间，来回费用都由会首自己掏腰包，一般连去三年。到山下由会首去见已到的花会会首，装好道具再上山到庙门时，又有相应的规矩，如参拜茶会等。

回香：指朝顶进香过后下山返回的花会。返回也有规矩，当进香和回香两个会碰到一起，如何"说"和"做"也有相应的要求。举例说明，回香的先说："您大表未交，有公事在身，理当先行。"进香的回答："您回香有功，理当先行。"回香的再说："恭敬不如从命，两不起响，各抢上手，老都管我们带了。"两个花会不能再敲锣打鼓，静静地错过。会档回香时将会启贴在妙峰山香道及娘娘庙可以贴纸的地方，表示朝顶进香圆满成功，仪式完毕，告知神明，感念其庇护。

顾颉刚先生在《香会的办事项目》一文中，对香会的进香过程做了概述。进香前的预备为"（1）设坛（2）通知（3）发信（4）呈表（5）前跕先行（6）会集（7）设驾（8）拈香（9）守晚"。

进香的程序为"（1）起程（2）沿路焚祠（3）仲伙（4）登山（5）报号（6）朝顶（7）守驾（8）进供（9）进香"。

进香后的余事为"（1）下山（2）回香（3）回京（4）安驾（5）谢山"。

走会的会规要求很多很具体，以上只是简单举例说明一下。

二、北京民间花会会规的合法性

民间会档在成立的时候大多没有履行法律手续，它们在不具备法律合法性的情况下能够出现在社会上，是因为它们通过传统的仪式获得了社会合法性。北京传统花会（如开路老会、太狮老会、清茶老会、五虎棍会、秧歌会、中幡会等）已经有近百档，它们在面世之初都要经过传统的贺会仪式。首先要备齐各种道具，如狮子会得有狮子，高跷会得有高跷；再要有一班人马，能够熟练地使用道具。等到万事俱备，会首们不会想到去民政部门注册，而是择吉日请几位尚在世的老会首和几位熟识或相关会档的会首光临指教。传统的花会不能自己说成立就成立，必须有这些人到场见证，得到同行的承认。花会的社会合法性在于因为符合某种社会习惯、文化传承而能够在当地社区赢得一些民众、一定群体的承认乃至参与。对于民间花会来说，传统具有无可置疑、不容否认的正当性，传统本身就具有不证自明的合法性。

花会或庙会发展到一定阶段或水平之后，自然会在其他方面合法化。如果它们只是出现在村里或街道内，社会合法性就足以保障其顺利开展活动。但是如果它们要在更大范围里进行活动或者产生了大范围的影响，它们就要获得其他方面的合法性。

三、北京民间花会会规的价值

（一）历史价值

1. 花会会规是一部民间花会的文化发展史，是历史文化的组成部分，也是人们了解历史画面的例证。

2. 历史上，尤其是清朝时期对花会的发展起到了很大的促进作用，反映了朝廷对花会的支持，是政府通过花会的形式化解民族矛盾和社会矛盾，用文化的形式稳定社会的一种有效手段，在历史上具有重要的政治价值。

3. 花会会规是民间自发的规范花会形式，自我发展、自我管理得很好，对于社会文化发展有重要的价值。

4. 花会会规是调整花会界内部关系，处理内部事务的尺度，对于花会界正规、持续地发展具有重要的价值。

5. 花会是佛事活动，以向善为目的，所以走会时，会首把大家召集在一起，他们无条件听从安排，走会、助善演出都分文不取，茶饭自备，体现了花会会规巨大的社会公益性价值。

（二）现实价值

1. 现代社会中花会有助于文化艺术表演的发展，有助于旅游业的发展，花会会规有利于规范花会有序合理地发展，对于现今有重大的经济价值。

2. 花会会规对现今法律的建设完善和法律制度的调整具有重要的启示作用。

3. 在现今社会，对个人和社会团体的自我管理、自我发展、自我完善，以及创建和谐社会、缓解社会矛盾具有很好的仿效学习价值。

4. 是引导民间花会事业正确发展的良好教材，是保持民间花会纯洁性的良方，是推动社会公益性的例证，对于未来花会的发展有重要的现实价值。

（三）学术价值

1. 是我们研究北京民间花会自我发展、自我约束、自我管理模式及研究北京民间花会几百年发展轨迹的重要例证。

2. 对于我们研究如何在城市内搞好民间文化的生存与保护工作具有重要价值。

3. 花会的表演一般是进香走会时才用的，代表了庙宇的物件，反映了“善”的一面，符合社会习惯、文化传承，因此受到百姓的欢迎，这对于我们研究民情、民俗有重要价值。

（四）实用价值

1. 北京民间花会会规是中国民间花会文化遗产的重要组成部分，对于传承民族文化具有很好的实用价值。

2. 现在很多北京民间花会由国家提供了表演舞台，参与政府的文化活动，众所周知的例子是民间的秧歌队、龙灯队和狮子会等，常被安排在国家庆典中表演。民间花会被政府所用，主要取决于它们潜在的政治意义、经济价值、文化价值。国家在节日活动、重要庆典中让民间花会表演，最直接的目的在于借助它们制造热闹场面，但是这种热闹场面的政治意义却很丰富。首先，民间花会固有的象征意义如“喜庆”“祥和”被凸显出来，是安定、团结的政治环境的印证。其次，民间花会所体现的普天同庆、与民同乐的盛世气氛实际上是对政府成就的肯定。最后，政府需要民众通过花会参与国家活动，让民众通过表演仪式或观摩仪式来参与或体验，在现实效果上既简便又安全。北京民间花会的复兴与政府的关系非常密切，亚运会、拥军优属活动、龙潭庙会等都是政府与花会密切联系的体现。

第三节 北京杠箱走会妙峰山的会规程序

由于科技、交通、社会环境、人们生活方式的发展，北京杠箱走会的会规也随之简化。如今，交通工具使用汽车代步两个小时就到妙峰山，和清朝时去妙峰山走着或坐马车来回需用六天时间相比已经不能同日而语；清朝时妙峰山沿路有茶棚，会档要去拜知，现在沿路几乎没有茶棚，拜知的规矩就不存在了，只有庙里有茶棚，所以只是在娘娘庙中参拜了。

北京的武会分“井字里”和“井字外”。民间花会所说的“井”字，是以皇宫为中心将北京地区以井字的形状分割地域以示区别。“井字里”是指北京城著名的“九城”和海淀，就是正阳门、崇文门、宣武门、朝阳门、阜成门、东直门、西直门、安定门、德胜门，城墙内的辖区是“井”字中间的“口”字，“口”外横、竖就是城门外有关厢的地区，如德胜门关厢，没有关厢的用三个口代替就是瓷器口、珠市口、菜市口。海淀有颐和园和圆明园两个皇家园林，因为是皇家的园林，地位等同于皇宫，因此也要纳入“井字里”，所以海淀地区也属井字里。凡是以上这些地区的会就是“井字里”的会，反之就是“井字外”的，从手旗上就可以区分是“井字里”和“井字外”的会。

清朝推行民族歧视政策，将内城分给旗人住，汉民则迁到外城居住，清朝后期才有变化。这样一个北京城被人为地划分成内外两部分，旗人、汉人界限分明。旗人成为高于其他民族的特殊群体，因此“井字里”和“井字外”的武会在人员、会规、角色、地位等各方面都有所区别。兵部杠箱会按照会规属于“井字里”的会档，所以要按照“井字里”的规矩来办。

准备阶段是在进妙峰山大庙前，一般在停车场装配道具，集合人员。第一步是参山门。由会首在山门前集合排队阵形，会首手拿拨旗在庙门前（指收门票的大门）参拜，然后带领人员进庙门。

第二步是引会。在连续不断的锣鼓声中（主要是敲开道锣）走向娘娘庙。

第三步是参茶棚。妙峰山茶棚和舍粥棚是为香客和香会服务的，因此武会进庙后要向茶会参拜，会首拿会旗与也拿本会会旗的各茶棚会首打知参三参。

◎ 参茶棚 ◎

若是在进香的路上有茶棚在前，须在五十步外停屏，由会中前引执旗前往茶棚拜知，与茶棚执事人持旗接待寒暄后，即左手执旗右手执旗角，一躬到地，往后退行五六步接引，然后起屏随行。大众至茶棚，在参驾之前，应另打三参。

第四步是参庙门。会首指挥全体人员在庙门口参三参。

第五步是到庙内在香炉前念香词。会首在碧霞元君大殿前的烧香处烧一炷香，按照“井”字里门派的规矩念香词（说一段烧香前的话）：“见过神堂的、见过守驾的、见过随香的、见过北京城乡内外三山五顶四乡八镇四五香道，平香座道文武各会的老都管小会兵部杠箱会上香有鉴哪！”然后，会首将燃着的香插到香炉中。

第六步是一般可以在庙的院子里表演武会，兵部杠箱会由于占场地太大就到庙外碑林前表演一遍。

由于现在交通拥堵的问题，演员们从城里早上六点就上车出发，七点到达妙峰山上，参拜和表演后也就九点钟，基本上没有吃早饭。在完成上述程序后，演员们可以自由活动一会儿，到粥棚和茶棚处吃馒头、喝粥、饮茶略作休息，然后返回城内。一年一次的春季妙峰山庙会走会结束。

第四章 北京杠箱的道具、人物及服装

第一节

北京杠箱的道具

相关器具有杠箱四只、旗帜四面、鞭两条、锁两条、牌四面、棍四条、杠子一条、大锣两面、小锣两面、伞一个、屏四个。

一、杠箱

箱子长80厘米，宽50厘米，高50厘米，由薄板制作而成。顶部为圆弧形，箱子长的两面底部有两个孔，用来穿绳子。箱子为红色，用红油

◎ 杠箱 ◎

漆涂成。箱子上层两侧各插一面会旗，旗帜为上直角黄色底，旗的两面都用黑字写“兵部杠箱”字样。以前科技不发达，基本上是用布将字剪好再缝在旗子上面，现在印刷技术先进，可以直接印在平整的旗面上，两边镶有红色波纹的边，旗杆顶部为红色馒头顶。旗子上部用铜质小铃铛连接起来，箱子两边装铜环，下衬金属片，在箱子两侧装有弹性的竹条或铁丝用线绳和铜环拴连，在箱子上下抖动时，铜环可以上下有弹性地撞击箱子金属片发出响声。杠子穿过箱子抬着，杠子长7米左右，毛

竹制成，竹节刮平。因毛竹一般产于南方，在北方气候干燥容易开裂，所以需进行一下防裂处理。

二、旗帜

也称开道旗，共有四面，为上直角长方形，黄底，红色的边，旗帜两面各印“清道”“飞虎”字样，旗帜约90厘米长，80厘米宽，旗帜顶部为红色馒头顶。

◎“飞虎”旗帜◎

三、鞭

杆长60厘米，鞭梢长80厘米，为皮质。

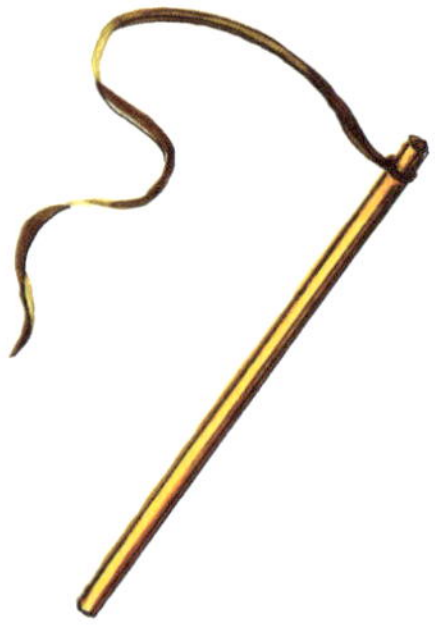

◎ 鞭 ◎

◎ 锁 ◎

四、锁

在京剧中称为手杻，有木制和铁制两种样式，链子为铁环制成，挎在脖子上或拿在手里，长约1.2米。

五、牌

木质，高1.6米，红底黑字，一面写“肃静”，另一面写“回避”。

六、棍

木质，高1.6米，一半刷成红色，一半刷成黑色。

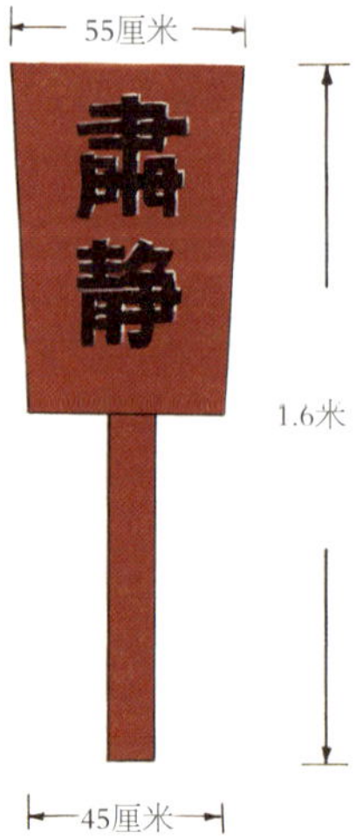

◎“肃静”“回避”牌 ◎

◎ 棍 ◎

七、杠子（杠箱官用）

碗口粗细，长4米左右，毛竹制成，竹节刮平，涂桐油防滑。

◎ 杠子 ◎

八、大锣

锣为开道大锣，铜制最大号的，直径为80厘米，出会时用来开道。由响铜制作，其声响很清脆，传播得很远，大锣挂在竿子的一端，另一端挂一面长方形开道旗黄底红边，旗面印有“开道”两个黑字，旗子长1米，高80厘米。敲锣时可以提醒看会的观众避让，敲锣的锣槌儿为木制，用红布包裹着。

九、小锣

铜制，直径20多厘米。

◎ 大锣 ◎

◎ 小锣 ◎

十、伞

高2.5米，直径1米，红色，伞竿底部拴一条带子。

十一、箱笼（屏）

高1米，直径50厘米，上面由上到下写“兵部杠箱”。箱笼的顶部插旗两面，有一串铃铛连接，黄色旗黄色箱笼，两挑四个箱笼。箱笼又叫“屏”，按照会规对武会使用的箱笼是有规矩的。屏分为高屏和矮

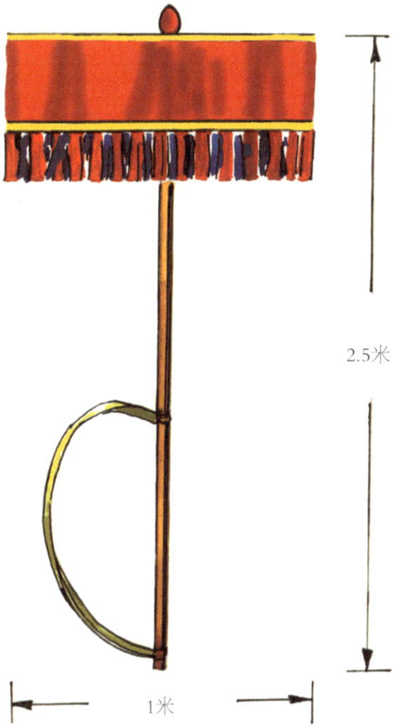

◎ 伞 ◎

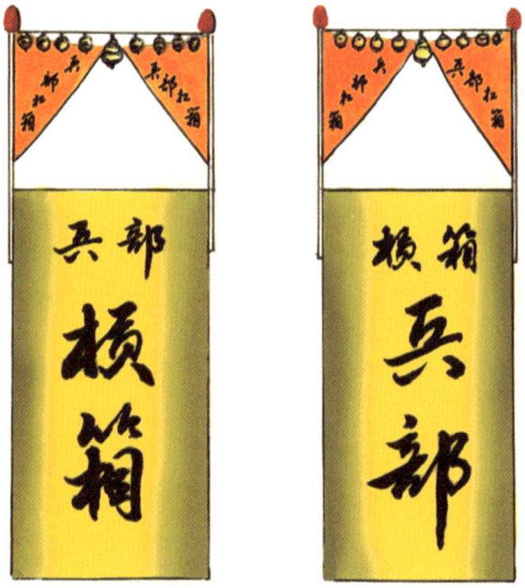

◎ 箱笼（屏）◎

屏，称为“钱粮”。民间花会表演时勾脸的会档挑高屏，不勾脸的会档挑矮屏。在数量上有的两人挑四屏，也有四人挑八屏。例如开路、五虎棍是勾脸的会档挑高屏；中幡、石锁是不勾脸的会档挑矮屏；兵部杠箱会的主要演员是勾脸的，所以挑高屏。

第二节

北京杠箱的人物

人物有1.杠箱官一人；2.衙役，包括牌、棍各四人，鞭两人，锁两人，旗手四人，打伞一人；3.书吏一人；4.打大锣的两人；5.地方，包括两个打小锣的，两个扛竹竿的；6.耍杠箱的八人，分别是褚彪、黄天霸、关泰、朱光祖、季全、何路通、秦尤、濮天球，为押镖的镖师；7.告状人一至两人。

兵部杠箱会表演时，通常在前头有八个人抬着四个杠箱，即两个人抬一个杠箱。关于扮演者有三种说法，代表不同的故事，同样有三批英雄好汉。

第一是描写隋唐时贾家楼三十六友结拜后劫皇纲的故事，分别扮演其中的八个人，如尤俊达、程咬金等。

第二是描写《水浒传》中的英雄人物劫皇纲的故事，分别扮演其中的八个英雄人物，如李逵、武松、燕青、时迁、宋江、花荣、石秀、林冲等好汉的模样。

第三是描写清朝时的英雄人物黄天霸的故事，分别扮演其中的八个英雄人物，如褚彪、黄天霸、关泰、朱光祖、季全、何路通、秦尤、濮天球等押镖的镖师。在金勋写的《妙峰山志》中对人物有介绍："第一抬二人扮褚彪、黄天霸，第二抬二人扮关泰、朱光祖，第三抬二人扮季全、何路通，第四抬二人扮秦尤、濮天球。"

以上表演人物可以根据情况自定。原崇文区文化馆恢复的兵部杠箱会是以黄天霸的故事形象来塑造的，所以本文暂以黄天霸的人物故事来介绍。

第三节

北京杠箱的服装

兵部杠箱会演员的化装脸谱是按京剧中的人物来扮的。著名戏剧作家、戏剧脸谱收藏及研究家翁偶虹先生给脸谱下的定义是：“用鲜明绚丽的色彩、犀利流畅的线条组织成面部图案，勾画在戏曲人物的脸上，是中国戏曲化装的特殊手段，称为脸谱。”

脸谱是一种直观的表现方式，让观众通过观看脸谱就知道塑造的人物的性格是善是恶，是忠是奸。脸谱又是一种夸张的表现形式，是抽象美的艺术反映，符合中国人的审美观念，符合人们对人物的评判标准，具有传统民族文化艺术的特征，能够引起观众的联想及回味，产生审美的情趣。脸谱从应用范围上说，有净、丑两行，根据所演人物的性格、特征可以夸张地勾画脸谱。

兵部杠箱会的人物受戏曲人物的影响，扮相采取戏剧的造型方式，勾脸、穿戏装。传统的戏曲多取材于中国流传广泛的文学作品，再经过百姓和艺人们的夸张描写，呈现出丰富多彩的人物形象。脸谱夸张了表现人物的肤色和各个脸部器官的部位，其谱式类型很多，有整脸、三块瓦脸、六分脸、十字门脸、花脸、歪脸……脸部的色彩也表现了人物的气质和品貌，如红脸象征忠厚，黑脸象征直率鲁莽，白脸象征阴险狡猾，黄脸象征骁勇凶暴，蓝脸象征刚强，绿脸象征顽强暴躁……观众可以直观地观察到人物的性格特点。

◎ 杠箱官官服 ◎

1. 杠箱官

杠箱官一名，身穿红色官服，腰中系

玉带，穿黑官靴，戴圆翅乌纱官帽，两边为圆形幅翅，画三花脸，戴八字髯口胡须（同明朝官服，化装同七品芝麻官中知县的扮相）。

◎ 杠箱官脸谱 ◎

2. 衙役

包括鞭、牌、锁、棍各两名，打伞一名，共十一名，穿黑色箭衣，戴红色毡帽系大带（同明朝衙役穿着），不化或化淡妆。

3. 书吏

书吏一名，身穿书生褶子套坎肩，头戴高峰巾，挂黑色三绺胡须，勾文丑脸，手拿毛笔。

◎ 书吏脸谱 ◎

4. 打大锣的

打大锣的两名，身穿黄色上衣，内穿黑色长衫，戴缨帽。

5. 打小锣的

打小锣的两名，穿红色衣裤腰中系布带。

6. 耍杠箱的英雄

耍杠箱的八位英雄分别为褚彪、黄天霸、朱光祖、何路通、濮天球、关泰、季全、秦尤，其服装、化装脸谱按京剧中的人物扮。

第一抬　褚　彪：身穿箱色素抱衣抱裤，勾老脸。

黄天霸：身穿白色抱衣抱裤，戴白花软罗帽，茨菰叶，偏球，勾俊脸。

第二抬　关　泰：勾红三块瓦脸，头戴硬罗帽，身穿绿色绣花箭衣，腰系大带，足蹬厚底靴。

朱光祖：勾武丑脸，戴倒八字胡，戴黑鬃帽，身穿黑缎子绣花的抱衣抱裤。

第三抬　季　全：身穿黑色箭衣戴黑罗帽，勾俊脸。

◎ 褚彪脸谱 ◎

◎ 黄天霸脸谱 ◎

◎ 关泰脸谱 ◎

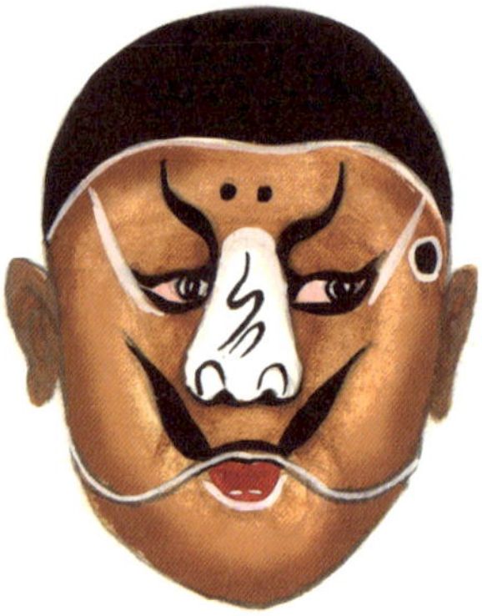

◎ 朱光祖脸谱 ◎

◎ 季全脸谱 ◎

◎ 何路通脸谱 ◎

何路通：身穿橘红色抱衣抱裤，勾黄花三块瓦脸。

第四抬　濮天球：身穿绿花箭衣，绦子，大带，绿花褶子，内衬素褶子，红彩裤，戴绿花硬罗帽，茨菰叶，偏花，红耳毛子，红扎，勾绿碎脸。

秦　尤：身穿黑色挎衣，勾绿花脸。

◎ 濮天球脸谱 ◎

◎ 秦尤脸谱 ◎

7. 旗手

旗手四名，身穿红龙套。

8. 扛杠子（扛杠箱官）

扛杠子的两名，穿黄色衣裤腰中系布带。

9. 屏

屏两名，穿黄色衣裤腰中系布带。

10. 告状人

告状人两名，穿蓝色或黑色衣裤。

11. 手旗（会首）

手旗两名，服装穿长衫，现代走会去妙峰山可以不穿戏服。会首是该会的总指挥。宋朝时的宫廷舞队是有严密的分工的，指挥者称为“竹竿子”，拿着一根特制的竹竿子引领着演员们上场下场，念“致语”，控制舞蹈队伍的动作表演，民间花会的会首控制着本会档的表演全过程，手中拿手旗。

◎ 会首持手旗 ◎

很多走会图个方便，天气炎热时演员如果画脸谱比较麻烦又难受，所以不再对化装和服饰有过高要求，而且和观众也拉近了距离，同时节省了经费。因此，只有遇到重大演出时才画脸谱穿戏装，一般情况下的表演和走会就不再画脸谱、不穿戏装了，而是着统一的演出服就行。

第五章 北京杠箱的表演

第一节

北京杠箱的故事内容

杠箱会所表演的故事最早取材于隋唐演义中的贾家楼三十六友结拜劫皇纲的故事，后来又将《水浒传》故事中的“智取生辰纲”也纳入之中。杠箱表示的是装着送给皇帝的生日礼物，《水浒传》中宋江投降朝廷送金银给皇帝，由一个朝廷官员押运，形成了表演中的杠箱官。后经多年改进，内容更加丰富，并且加入审案的形式，将诙谐的逗趣、贫嘴加入其中，且与周围的百姓形成互动。清朝后期又将清朝的英雄人物黄天霸等人押镖的情节也融入其中，动作难度也有所提高。

康乾时期，由于杠箱会纳入兵部衙门，杠箱官被定为七品官阶，朝廷赋予了杠箱官表演时当街审案的权力。当兵部杠箱会表演时，群众可以对杠箱官告假状用于打趣说笑，也可以真的告状。杠箱官可以同真正的县官一样断案，给大兴、宛平两地衙门写押票，当地县衙照办，将人犯押入大牢判刑。当然，杠箱官审案的权力也仅限于走会表演期间，不表演时是不能审案子的，属于半官半民、半真半假的会档。

下面讲一个关于杠箱官的故事。据说，有一次兵部杠箱会走会，扮演杠箱官的演员内弟开玩笑想进大牢里感受一下被关的滋味，便和杠箱官说好等表演结束前写官文再释放，于是杠箱官在走会时审案写押票派衙役将内弟押到县衙收监，不想表演完毕后，杠箱官忘了此事，第二天想起来已过了走会的时间，杠箱官的权力失效了，直到第二年兵部杠箱会再次走会时，杠箱官写了公文才将其内弟放出，杠箱官的内弟白白被关了一年。

兵部杠箱会权力管辖范围有多大面积，刚才写到“大兴、宛平”两县，现代人依据当代地理可能觉得并没有多大面积。殊不知按照清朝地理划分，这两个县几乎涵盖了现在北京市的大部分地区。清朝北京叫顺天府，它共管辖24个州县，有通州、顺义、密云、香河、涿州……北京城有两个县被称为“京县”，以现在的北京中轴线为交接线，东面的是大兴，西面的是宛平。故宫正好在中轴线上，因此百姓们经常说“皇帝坐在金銮殿，脚踩两个县”。宛平县包括了现在的西城区、海淀区、石景山区、门头沟区。大兴县管辖现在的北京东、南部地区。妙峰山在宛平县内，香客大多来自大兴和宛平两县内。因为香会附有神的权利，杠箱官更是香会中的官，七品县令的装扮代表了官家，所以断案就是他的本行了。杠箱又叫“龙袱褡子”，两端各放有用纸糊成的“元宝山”，象征金银满箱，为娘娘“总收钱粮”。按规矩，一同走会的各会档都要把本会的“钱粮”统一交给杠箱会保管，由杠箱会统一向沿路的茶棚、庙宇和金顶娘娘庙献纳钱粮，如此可以免除其他各会逐一参驾烧香的繁琐，这叫“有杠箱，不费话，也不费事”。

据有关资料记载，杠箱官的表演有两种语言类的内容，一种是由杠箱官说学逗唱，并且随时对百姓的“告状”而进行“戏判”，判词大多是荒唐的。另一种是百姓真的前来告状，这时候杠箱官要审案，宣判后对“书吏”说：“写押票送大兴、宛平两县。”如确实是案件复杂，不能马上查明，杠箱官会让书吏替告状之人写好状纸，由香会转送给大兴、宛平两县知县，两县官必须受理。

那么杠箱官的表演包括什么内容呢？第一是动作表演：上杠动作、下杠动作、杠上动作（坐在杠上做动作、蹲在杠上做动作、站在杠上做动作、倒挂在杠上做动作）、地上动作（滑稽动作）。第二是语言类的表演（审案）：可以唱一段、说一段、路人和杠箱官开玩笑、审假案（告状人没有案子，只是给杠箱官出难题）、真告状（杠箱官当街审判，人犯送大兴或宛平县关押）。

表演时抬杠箱的练角打扮成英雄好汉的模样，肩扛着杠箱向前行进，表演出换肩、小换肩、倒换肩、走花步等多种花样来。八个人的肩、肘、腰、膝、手要配合一致，不能乱，否则箱环声响的节拍就不对了。

杠箱会在京城内是比较出名的，在很多文学作品中有所体现。在老舍先生写的小说《四世同堂》对民国时北京人眼中的妙峰山和杠箱会有所描写："现在，他注意到了新民会，也打听明白庆祝保定陷落的大游行是由新民会主持，和新民会已去发动各行各会参加游行。所谓各会者，就是民众团体的，到金顶妙峰山或南顶娘娘庙等香火大会去朝香献技的开路，狮子，五虎棍，耍花坛，杠箱官儿，秧歌等等单位。近些年来，因民生的凋敝，迷信的破除，与娱乐习尚的改变，这些'会'好像已要在北京城内绝迹了。在抗战前的四五年中，这些几乎被忘掉的民间技艺才又被军队发现而重新习练起来——它们表演的地方可不必再是香火大会，表演的目的也往往由敬神而改为竞技。许多老人们看见这些档子玩意儿，就想起太平年月的光景而不住地感叹。许多浮浅的青年以为这又是一个复古的现象，开始诅咒它们。"

这段记述表达了百姓对该会的推崇。在清末绘制的《旧京社戏园》中描绘了北京各种会的装扮情况，其中就有杠箱会的图像描绘。在清代的《天后宫过会图》中也有天津杠箱会的图像描绘，反映了当时杠箱会的真实情景。

第二节

北京杠箱的表演形式

兵部杠箱会可以在行进中随时表演，也可在固定场地表演，为了完整地表现其演出，现以行进中和固定场地表演相结合为例展现兵部杠箱会的表演全貌。其实固定的场地表演和行进表演一样，只不过调控好距离便可。

一、出场

会首领队出场，走在队伍最前面，控制好队伍的速度，演员根据阵图排列前后顺序分为两个纵队，挑屏的跟在会首后面，两衙役敲大锣开道，锣声要大，有节奏，不要太快。所有衙役大喊："威——武——"

◎ 会首领队出场 ◎

声音拉得长一些。衙役手握"肃静""回避"牌引出所有角色，绕场一周。四只箱子行走时颠杠，让杠箱上的铃铛、铜环撞击发出有节奏的声音，众角色按排序上场，杠箱官压阵，行进表演绕场一周后，亮相

◎ 杠箱会上场亮相 ◎

结束。

二、展示

绕场一周后按顺序围成一个半圆形。中间围出一块较大的场地，会首持手旗指挥演出和人员入场站位，四个箱子根据场地情况排列，展示着他们的威武之势。大锣仍然敲打，以壮声势。

三、集体杠箱表演

八个耍杠箱的演员一起先集体表演几个简单的杠箱动作，如各种换肩动作等。大锣停止敲打后，小锣开始敲打，耍杠箱的演员在动作上要与锣声相配合，因为杠箱表演没有乐器伴奏，尽管杠箱上有铜环打出声响，但声音较小，要靠小锣来伴奏和打出较大的声响，所以二者要互相按照锣声的快慢节奏配合做各种动作。打小锣的也可以在场上一边敲锣一边翻几个筋斗，调节场内的气氛。

四、单杠箱表演

单杠箱表演时，场中的杠箱退到周边，留一个杠箱表演，小锣开

◎ 单杠表演 ◎

始敲打，两人在共同的节奏下表演杠箱的技巧。杠箱主要的技巧包括换肩、转肩、漏肩、串肩、侧手翻、矮子功、左右朝天蹬、趴虎横竖背杠、下腰杠下滑胸、腹顶杠等。

一杠退出场地，二杠进场表演，其他各个杠箱轮流上场表演。两人一对表演各种高难度技巧，每一个杠箱根据自己的武功情况表演自己的专长，原则上不重复表演相同的动作。

五、杠箱官表演

杠箱表演完后就是杠箱官表演，衙役持木棍冲到中间呈“八”字形，书吏引导杠箱官出场。杠箱官坐在两个衙役肩扛的杠子上面，打伞的演员给杠箱官打着伞，杠箱官手扶着伞竿，一手还舞着扇子，悠闲自得地被抬到中间表演区，在杠上翻转腾挪一番，站在杠上念词：“我这官儿本不小，前有衙役三班，又有鸣锣开道，下官贾进忠押解皇纲，朝罢金顶，路经此处即行放告，有冤者前来诉冤哪！”他说完后表演几个杠上的动作。事先安排好两个告状之人上场并大声叫喊：“大老爷我有冤枉。”衙役、书吏将告状之人制止住。随后，经过杠箱官和告状

◎ 杠箱官出场表演 ◎

之人一番对话，杠箱官用幽默的语言、滑稽的表情和动作一番盘问，盘问中杠箱官可以在杠子上也可以下杠站在地上问话，同时可以表演一些动作技巧，如双飞燕下杠、倒卷帘上杠等，风趣幽默地表演判案，上下互动，众人欢笑。第一个假告状人的诉讼内容属于无事生非，被杠箱官下令赶走，于是衙役一拥而上将告状人赶出场外。第二个假告状人陈述案情和杠箱官对话，杠箱官用幽默的语言、滑稽的表情和动作又经一番盘问，盘问完命令衙役用锁链将假告状人锁上，带回官府再审。审案结束，队伍再次鸣锣开道，绕场一周，演完后颠屏振铃走会去了。

第三节

北京杠箱的队形排列

表演阵图

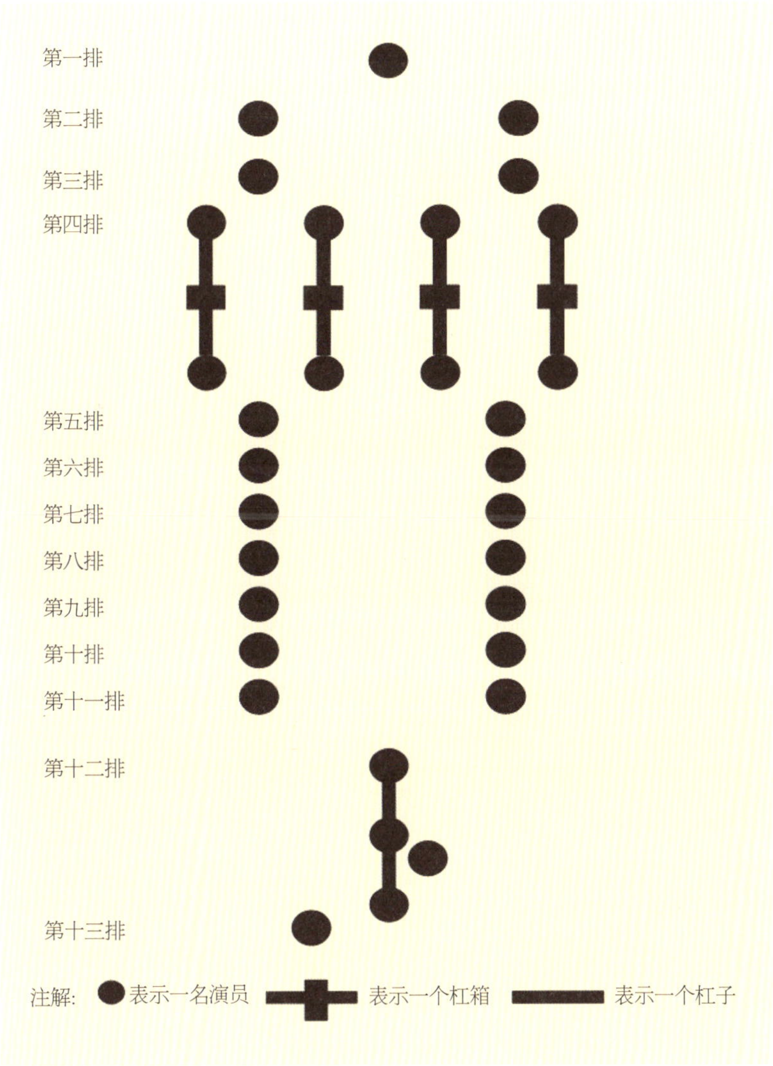

第一排是会首一人（也可以是两人，第二个人走在队伍的最后）。

第二排是两个挑屏的演员。

第三排是两个打大锣的演员，扮作衙役（也可以是两个衙役抬一根竿子，中间挂一个大锣）。

第四排是八人四组，前后各一人肩扛杠箱（共四个箱子，也可以是十六人八组扛八个箱子）。

第五排是两个打旗的演员，扮作衙役。

第六排是两个打旗的演员，扮作衙役。

第七排是两个拿鞭子的演员，扮作衙役（也可以是四人）。

第八排是两个扛牌子的演员，扮作衙役（也可以是四人）。

第九排是两个拿锁链的演员，扮作衙役（也可以是四人）。

第十排是两个拿杠棍子的演员，扮作衙役（也可以是四人）。

第十一排是两个拿小锣的演员，扮作地方（也可以是四人）。

第十二排是两个扛杠子的演员，扮作地方，杠子上坐杠箱官，旁边有一个打伞的衙役。

第十三排是一个拿毛笔的演员，扮作书吏。

要求排列的演员一排一排前后留1米左右距离，前后人员对齐。表演时调整距离，四组杠箱一字排开，距离适当便可，前面两个打大锣的在杠箱的第一杠和第二杠、第三杠和第四杠之间前方。后方的第五排到第十一排向第二排看齐，第十二排在中间位置，两个扛杠子的演员可以前后位置，也可左右位置，打伞的可以在杠箱官周围，位置不固定，书吏的位置在杠箱官后，位置不固定，杠箱官手扶或身靠伞竿。

舞台表演场地阵图

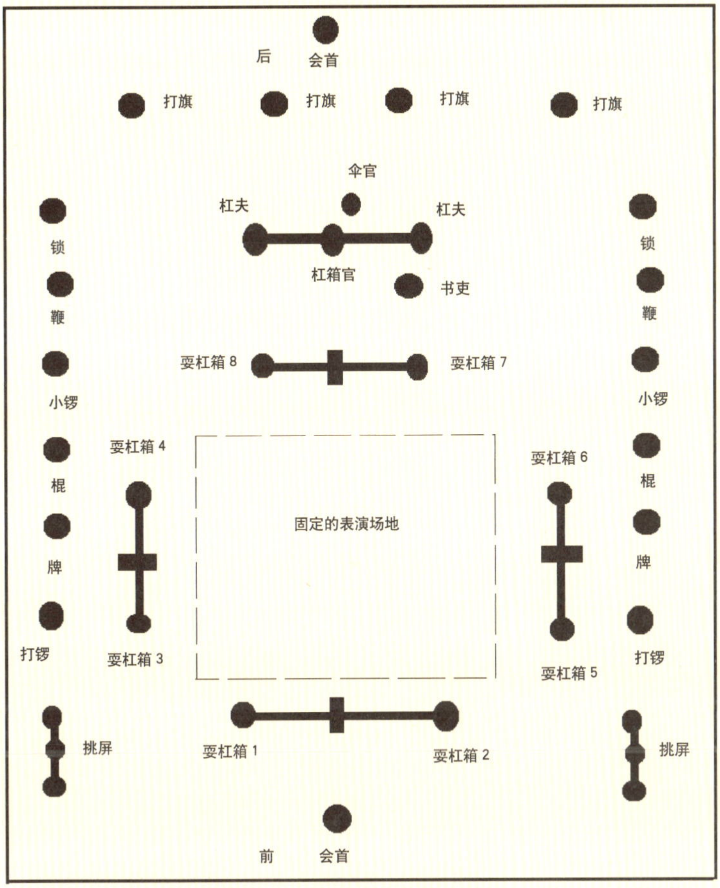
后
会首
打旗
打旗
打旗
打旗
伞官
杠夫
杠夫
杠箱官
书吏
锁
锁
鞭
鞭
耍杠箱 8
耍杠箱 7
小锣
小锣
耍杠箱 4
耍杠箱 6
棍
棍
固定的表演场地
牌
牌
打锣
耍杠箱 3
耍杠箱 5
打锣
挑屏
耍杠箱 1
耍杠箱 2
挑屏
前
会首

第四节

北京杠箱走会行进中的表演程序

走会行进表演（如踩街表演）不完全和固定场地表演一致，有一定的区别。固定场地内的表演，在人员排列上基本上是杠箱、衙役等围成半圆形，哪个杠箱表演哪个就去场地中间，演完退回原处。而走会行进表演基本上是排着前后顺序向前走，次序不能乱，杠箱表演是一边走一边演，或是暂时停下来演一会儿接着走。杠箱官的表演也是一样，审案时可以停下，审完再走。所以，走会行进表演和固定场地表演有区别，下面简单介绍一下。

1. 出会的顺序为会首执旗走在队伍前面，或者在队伍行进中来回行走进行指挥。演员表演的动作基本上都是事先定好的，当然演员也可以根据当时的场地、天气等诸多因素自己定演什么动作，只要通知后杠配合就行，有时会首也会根据情况安排动作或者掌握会场情况命令演员表演什么。

2. 挑屏的两人挑着四只屏跟在会首后面，屏上的铃铛由于受到上下的颠簸，发出“当当”的脆响。

◎ 两人挑屏 ◎

3. 敲大锣者走在挑屏的后面，提大锣开道，因为去哪儿出会，都要先开道，让路人避让，而且要让锣的声音传得远，让更多的人知道杠箱会出会了。演员一边向前走一边开始敲打锣（杠箱停下来不走了，大锣不停）“咣——咣——”不要太快，当余音过后再敲，边敲边喊“大老爷来了，开道了”。

◎ 两个敲大锣者 ◎

4. 紧跟着是八人抬着四个杠箱，根据道路情况可以是两组杠一排或是四组杠一排。可以边走边耍，也可以走一会儿再耍或停下来耍；可以单杠单独表演，也可以两组同时表演不同的动作，还可以四组表演不同的动作或是同时做同样的动作，动作整齐一致即可，不管做什么动作，手都不能碰杠子。

◎ 四组八人抬杠箱的演员 ◎

5. 跟在杠箱后面的是四个打旗的，杠箱停，旗子也停，杠箱走，旗子走，没有动作。

6. 跟在打旗的后面的是两个手拿鞭子的演员，没有动作，跟着走便是。

7. 跟在拿鞭子后面的是两个肩扛“肃静”“回避”牌子的衙役，没有动作，跟着走便可。

◎ 打旗者 ◎

8. 跟在扛牌子后面的是脖子上挂着锁链的衙役，没有动作，跟着走便可。

9. 跟在挂锁链后面的是拿着木棍的两个衙役，没有动作，跟着走便可。

10. 再后面是两个拿小锣的演员。左手

◎ 扛“肃静”“回避”牌子的衙役 ◎

◎ 拿着木棍的衙役 ◎

拿小锣右手拿槌，边走边敲边喊“有冤的报冤，有仇的报仇”，走一段后调整好和前方的距离（拉大一些距离），然后带助跑手扶地翻个跟头

（动作要手按小锣，双手支撑地翻跟头），再走一段再翻个跟头。大锣、小锣走时不停地敲和喊，有告状的即停止敲和喊，停下来。耍杠箱时不用喊可以敲。

11. 两个扛杠子的演员将杠子放在肩头，手扶着杠子一前一后或是横排走，杠箱官上杠子时两个扛杠子的演员蹲下，杠箱官坐在上面后起身，杠子要把节刮平便于杠箱官坐稳，杠箱官手里可以拿着扇子，侧坐杠子上，也可以正坐，随杠箱官的方便，坐一会儿可以下来走一会儿。旁边打伞的演员将伞（伞上有绳子）挎在身上，杠箱官可以手扶着伞竿也可以背靠着伞竿，两个扛杠子的演员跟着大小锣走或停。

如有人来告状打趣，杠箱官就停下来（所有的演员都停下来）作审判案子的样子来对答，打趣说笑内容要诙谐，不能被百姓问住，可以先安排演员作为告状人。举个例子，告状者说：“大老爷大老爷，就为了来看花会，我的烟袋丢了，请老爷给我找找吧！”杠箱官说：“老爷已经给你找到了，是你昨天晚上忘在你家的猪圈里了，你快去拿

◎ 拿小锣的表演 ◎

吧！”审判完案子就可以继续走了。

12. 书吏是古代衙门口内的师爷，负责记录公文的，所以手拿毛笔跟在杠箱官周围便可，没有什么动作和语言，只是审案时负责做记录等事务。

2010年1月31日，北京市举办了“我的北京我的家”春节系列文化活动启动仪式，并进行了前门踩街活动。北京杠箱代表原崇文区参加踩街表演，当时就是以走会行进中表演的形式展演的。

第五节

北京杠箱的动作图谱

一、耍杠箱的动作图谱

耍杠箱的动作很多，名称叫法也多种多样，很多是一种动作几种叫法，有旋子、单缠腰、双缠腰、打过桥、翻斛斗、元宝大顶、上脑旋、口衔箱杆、连珠滚、地趟滚、跳铁门坎、抢背、掖脖、捕旋风、前胸顶杠、肚子顶杠、喉咙顶杠、后背顶杠、朝天蹬、三起三落、三角顶以及换肩、串肩等。

这里简单地介绍几种动作图谱，动作名称以直接形容动作为主，要求在表演时要合拍，演员身体利用腰部用力上下颠动，目的是让杠箱上的两个环子拍打箱子，使两个环子打出的声音一致，不能有先有后，而且要贯穿整个动作始终，根据环子打出的节拍做动作，动作要保持一致。

（一）行进中边走边颠杠子

让环子打出节奏响声，手上下摆动配合颠杠子的动作。（图谱1）

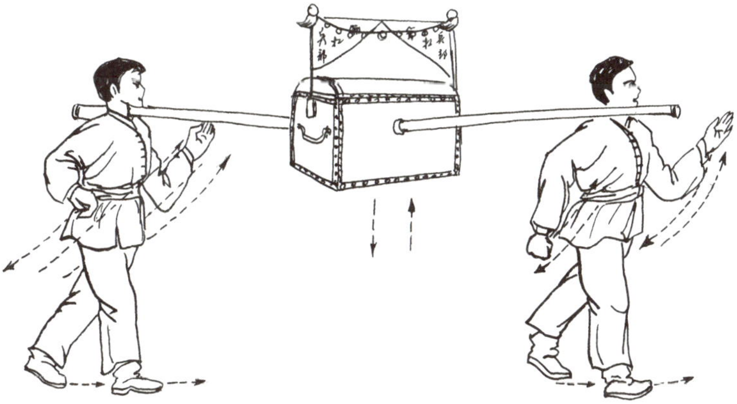

图谱1

（二）震步

（以不行走为例）同上，脚不向前走，但两脚轮换跺地（震步），使杠箱上下抖动，手上下摆动，使铜环撞击箱子上的铜片，发出脆响，前后两人节奏相同。（图谱2）

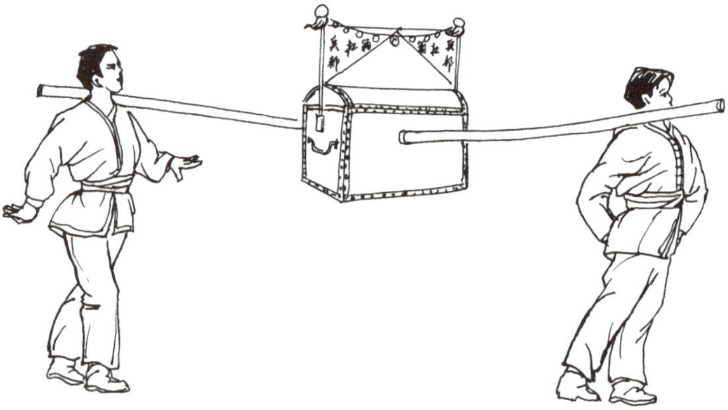

◎ 图谱2 ◎

（三）转头换肩

甲演员（指行进方向第一人）两腿稍叉开，进行换肩，乙演员不换，但要注意颠杠子的动作幅度大些，因甲演员换肩时，颠杠子的动作不会太大（图谱3-1）。甲演员首先（杠子在右肩上）将身体向左后面

◎ 图谱3-1 ◎

转180度，两脚就地向左转圈，当左肩转时向下低一点右肩高一点（图谱3-2）；左手右手随身体摆动，加大摆动的身体力度，左肩过了杠子

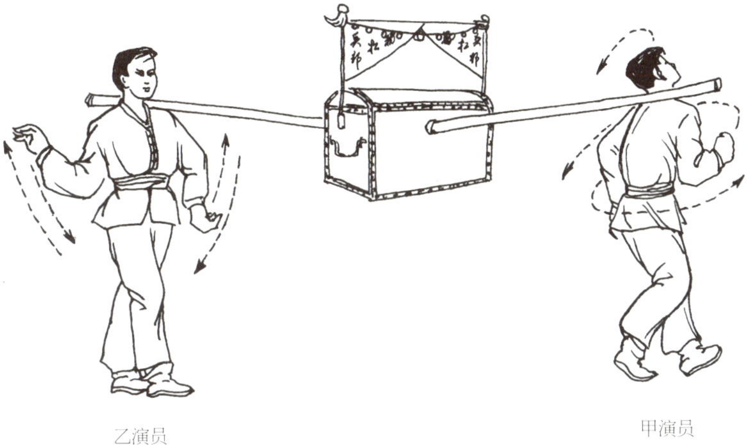

◎ 图谱3-2 ◎

后向上一挑将杠子担到左肩上（图谱3-3）；右脚向身体旋转方向斜跨一步，身体旋转180度后，和乙演员面对面（图谱3-4）。后面的乙演员照此做一遍，形成了甲和乙都朝向后方。

◎ 图谱3-3 ◎

◎ 图谱3-4 ◎

（四）低头换肩

甲演员面朝后，杠子在左肩（图谱1-1），乙演员面朝后，两手上

下左右摆动，没有其他动作（注意颠杠子）。甲演员来做动作，首先甲演员低头（图谱4-2），使头和脖子低于杠子下，杠子用肩顶着，头向左转穿过杠子向上挑（图谱4-3），使杠子移到了右肩（图谱4-4）。要求动作连贯不能停，一气呵成才能成功。

甲演员

◎ 图谱4-1 ◎

甲演员

◎ 图谱4-2 ◎

甲演员

◎ 图谱4-3 ◎

甲演员

◎ 图谱4-4 ◎

（五） 前扬手换肩

甲演员杠子在左肩面向后，左臂举起（图谱5-1），左手向后甩（图谱5-2），拉动身体从左向后转，左手从下划弧线穿过杠子向上划，左手顺势下落两脚就地向左转，右脚向左跨半步，杠子到右肩，面向前方（图谱5-3）。动作要求连贯，手的动作划弧线，动作优美自然显得轻松。可以连续做几个同样的动作。（注意：转身转头时面对杠子转过来的，乙演员再同上练一遍，这时面向前，即面向甲的后背）

甲演员

◎ 图谱5-1 ◎

（六）后扬手换肩（串肩）

杠子在甲演员右肩面向前，

甲演员

◎ 图谱5-2 ◎

甲演员

◎ 图谱5-3 ◎

右手向下，左臂向左后划弧线从杠下过向上挑，身体向左后转，头部和身体一样向左后转。右脚就地转，左脚向左面跨一步（图谱6-1）。右手下划，左手扬起，面冲向杠子在左肩（图谱6-2）。两臂平伸（图谱6-3）注意转身转头时脸不对着杠子而后脖子对着杠子。乙演员还是要不停地颠杠子，甲演员也要颠杠子，只不过在换肩的瞬间不颠杠子，甲演员再做一遍杠子到右肩，这是一个动作。连续向后做重复的动作，脚步也跟着走，一直可以走到接近箱子的位置，大约行2至3米后，反身再向回做同样的动作回到杠子的一端。后面的乙演员做两遍，也是从左肩到右肩面向后，再做一遍从右肩到左肩，面向前连续

甲演员

◎ 图谱6-1 ◎

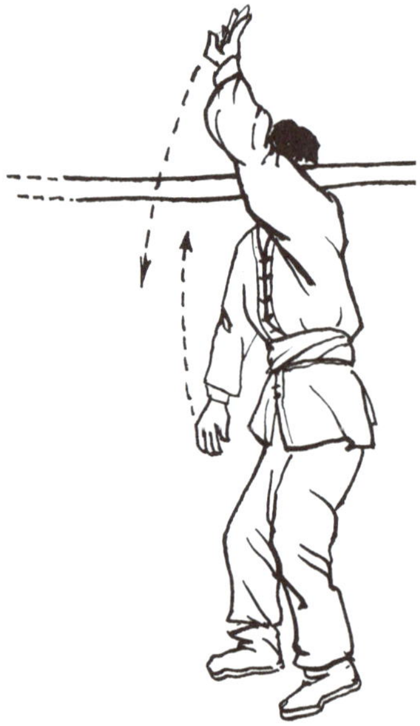

甲演员

◎ 图谱6-2 ◎

甲演员

◎ 图谱6-3 ◎

做重复的动作走到接近箱子的位置，反身再向回做同样的动作回到杠子的一端，动作同甲演员。两人也可以同时做串肩。

（七）腰健（肚子顶杠）

甲乙演员面朝前，杠子在甲演员右肩，在乙演员左肩（图谱7-1）。甲演员和乙演员要同时做出此动作，动作的大小幅度、时间等要一致，并保持颠的动作。甲演员身体向前倾，乙演员身体向后仰，使杠子两头向下滑（图谱7-2），利用颠的动作调节向下滑落的速度，两人掌握好平衡，下落要同时，不可过急。甲演员身体向前倾用后背调节速度，乙演员向后仰用胸部调节速度（图谱7-3）。最后甲演员杠子

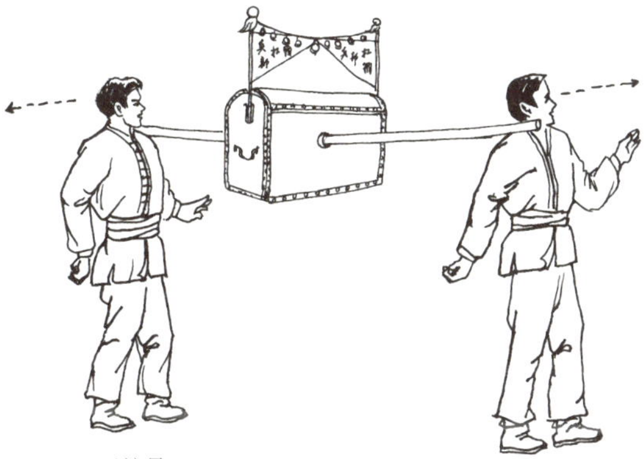

◎ 图谱7-1 ◎

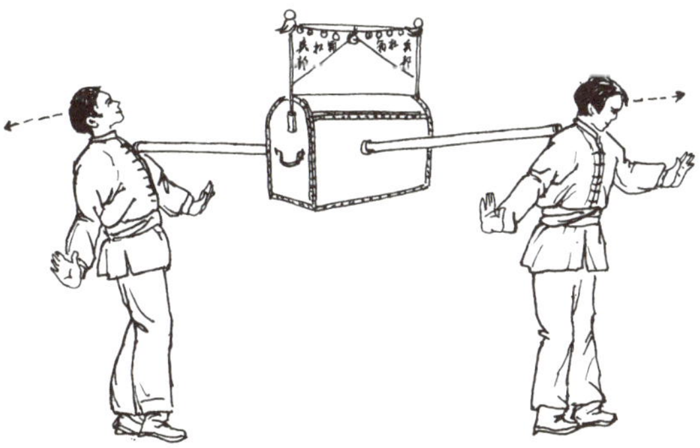

◎ 图谱7-2 ◎

顶到腰眼，由系的腰带兜着杠子头为止。乙演员杠子头顶到肚脐，由系的腰带兜着杠子头为止。演员可以挺身站直了（图谱7-4），甲演员弯腰乙演员后仰，甲演员身体向后移动，乙演员身体向前移动（图谱7-5），同时用劲使杠子两头慢慢移到肩上（图谱7-6）。

◎ 图谱7-3 ◎

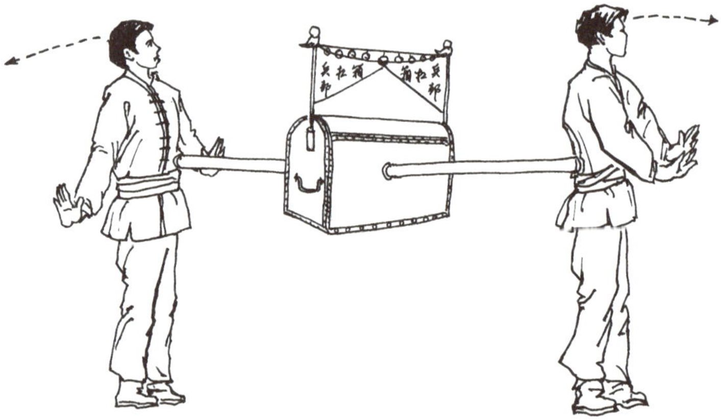

◎ 图谱7-4 ◎

◎ 图谱7-5 ◎

◎ 图谱7-6 ◎

（八）上脑旋

甲、乙演员均可做，以甲演员为例，向下低头使杠子落到背上（图谱8-1），用头顶顶起，平稳地以头顶为轴转圈（图谱8-2）。

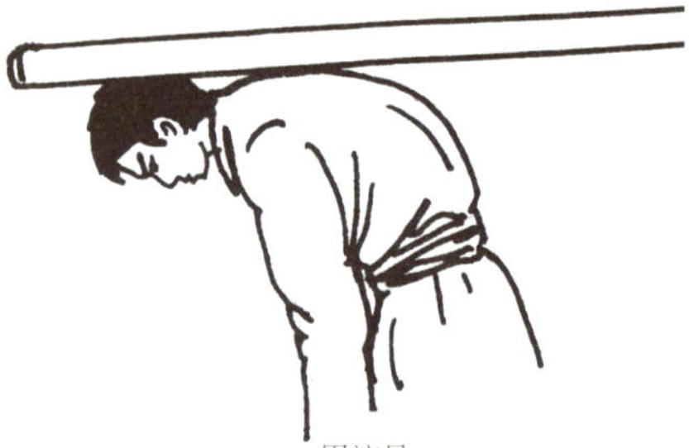

◎ 图谱8-1 ◎

◎ 图谱8-2 ◎

◎ 图谱9 ◎

（九）朝天蹬

用手将脚搬起顶起杠子再将脚放下。（图谱9）

（十）三起三落

头顶杠子左脚抬起（图谱10-1），右腿上下弯曲反复几次，杠子上肩完成动作（图谱10-2）。

（十一）趴虎

甲、乙演员均可做，以乙演员为例，面向后杠在肩上，身体向下俯，

◎ 图谱10-1 ◎

◎ 图谱10-2 ◎

腰向后伸，左脚向后调节平衡（图谱11-1），两手扶地，两脚后伸，形成俯卧撑的姿势。杠子位置在背上，身体向下，胳膊弯曲上下连续运动（同做俯卧撑）。甲演员负责颠杠子，不做别的动作。乙演员则以杠子和背部接触点为中心，跳着转圈（图谱11-2），起来时两脚向前腰向上提（图谱11-3），左脚独立，右脚向后抬起恢复杠子肩扛动作（图谱11-4、11-5）。

乙演员

◎ 图谱11-1 ◎

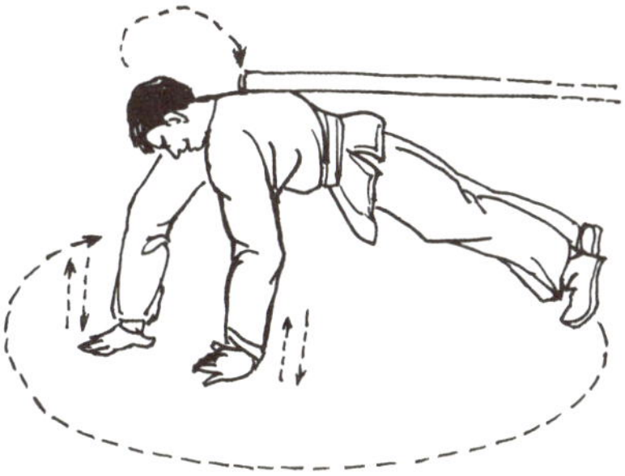

乙演员

◎ 图谱11-2 ◎

乙演员

◎ 图谱11-3 ◎

乙演员

◎ 图谱11-4 ◎

乙演员

◎ 图谱11-5 ◎

（十二）胸顶杠子

甲乙演员同时做，以乙演员为例，面冲前，身体转向右侧，用左肩和脖子下部顶着卡住杠子头，两脚向侧调整（图谱12-1），身体向左侧使杠子头移到脖子下部胸上部顶住（图谱12-2），头后仰身体向前调整松紧角度。甲演员也同时做，甲乙演员同时大幅度地上下颤动（图谱12-3），两脚叉开头抬起，两胳膊平伸（图谱12-4）。

◎ 图谱12-1 ◎

◎ 图谱12-2 ◎

◎ 图谱12-3 ◎

◎ 图谱12-4 ◎

（十三）腹顶杠（下腰）

甲乙演员同时做动作，身体向后仰，使杠子两头向前滑，两脚稍微向前走一点，两脚叉开，两胳膊平伸（图谱13-1），让杠子滑到肚脐下腰带上（腰带卡住杠子头），两人用力颤动，甲乙演员以杠箱为中心转圈（图谱13-2）。之后身体向后仰，脚向前走点儿，使杠子两头慢慢到

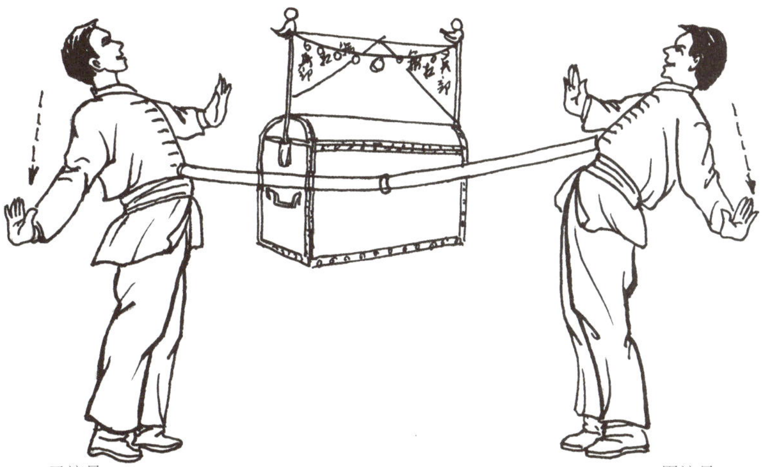

◎ 图谱13-1 ◎

◎ 图谱13-2 ◎

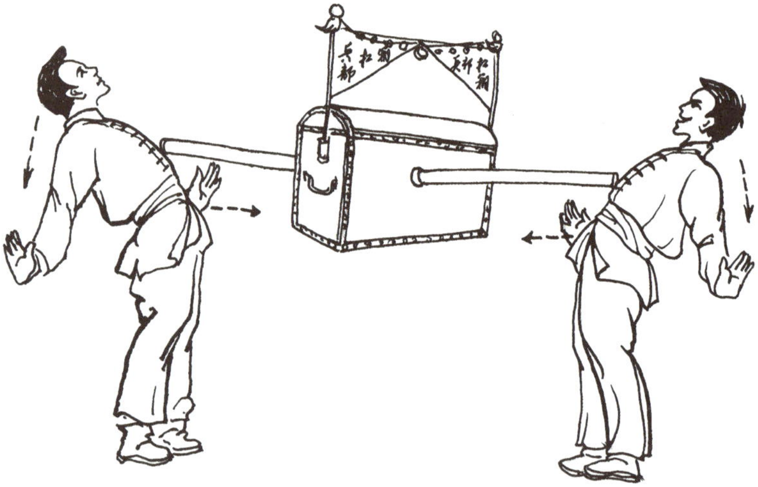

◎ 图谱13-3 ◎

◎ 图谱13-4 ◎

达肩的位置（图谱13-3），起身杠子上肩（图谱13-4）。

（十四）案头（翻筋斗）

乙演员身体向前并下俯，使杠子担在背部（图谱14-1），甲演员颠杠子不做动作，乙演员两手下扶地，两脚微曲，做翻跟头的预备动作，身体向前滚（图谱14-2），同时两脚交叉卡住杠子（图谱14-3、14-4），交叉的两脚向下着地让杠子准确落在肩上（图谱14-5），可以通过换肩调换方向，向相反的方向再做一个。甲演员要负责颠杠子和调整杠子的移动，使杠子向前移动不至于掉下来。这时乙演员面向前，杠子

乙演员

◎ 图谱14-1 ◎

乙演员

◎ 图谱14-2 ◎

乙演员

◎ 图谱14-3 ◎

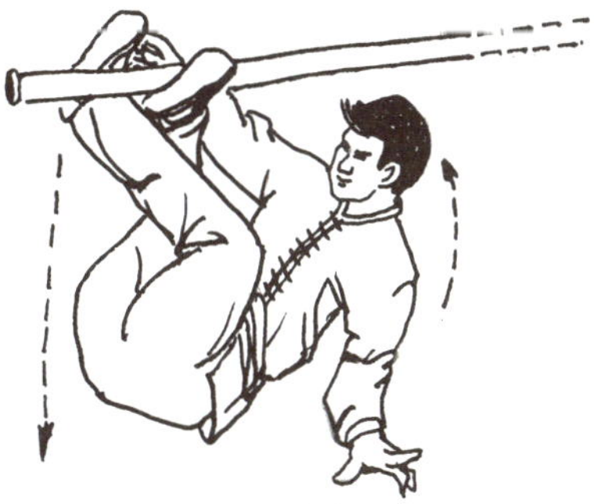

乙演员

◎ 图谱14-4 ◎

乙演员

◎ 图谱14-5 ◎

在肩上。

（十五）三角顶（左右踹杠）

以甲演员为例，甲演员两手扶地头向下顶地（图谱15-1），两脚抬起顶住杠子（图谱15-2），右脚顶起杠子（图谱15-3），杠子交换到左脚（图谱15-4），恢复两脚顶杠（图谱15-5），一个后空翻（图谱15-6）杠子上肩（图谱15-7）。

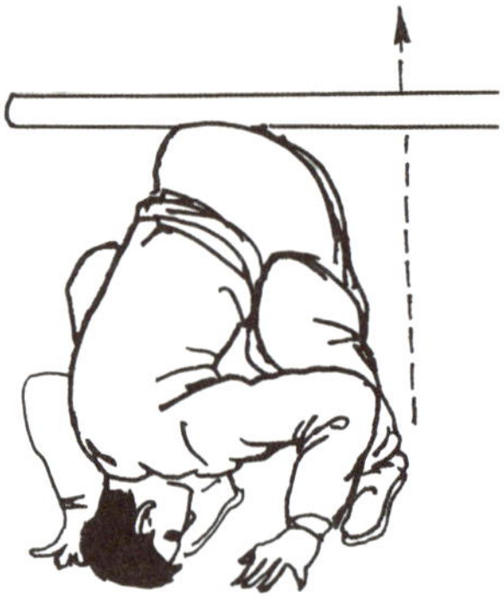

甲演员

◎ 图谱15-1 ◎

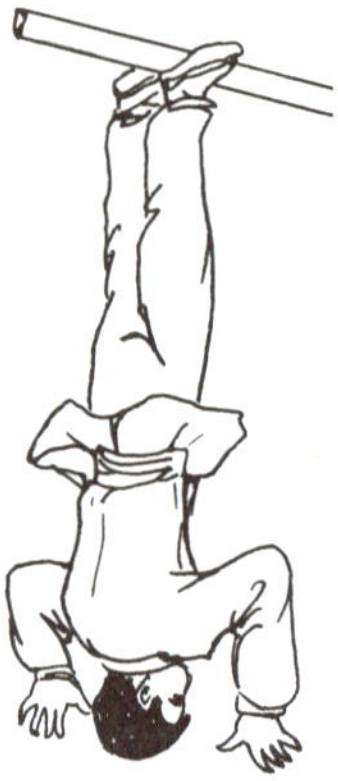

甲演员

◎ 图谱15-2 ◎

甲演员

◎ 图谱15-3 ◎

甲演员

◎ 图谱15-4 ◎

甲演员

◎ 图谱15-5 ◎

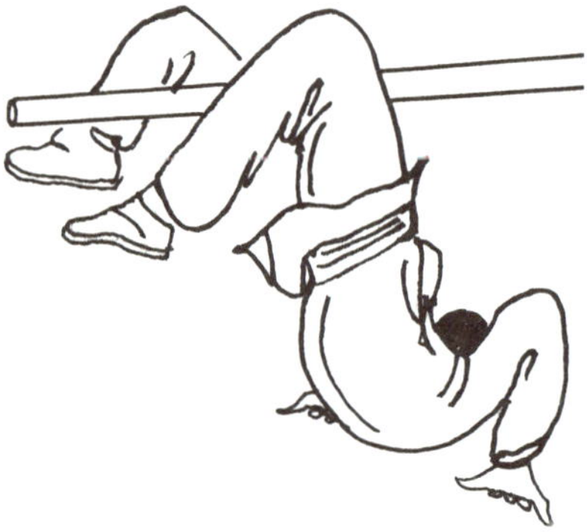

甲演员

◎ 图谱15-6 ◎

甲演员

◎ 图谱15-7 ◎

（十六）地趟滚

以甲演员为例，甲演员通过换肩面朝箱子，双手平伸向下扶地（图谱16－1、16－2），双脚轮转3圈起身（图谱16－3）。

甲演员

◎ 图谱16－1 ◎

甲演员

◎ 图谱16－2 ◎

甲演员

◎ 图谱16－3 ◎

（十七）漏肩——踢毽（抛杠上肩）

甲演员两手平伸，左脚向后勾，身体前倾使杠子自然下落（图谱17－1），身体和腿脚迅速向左旋转，左脚迅速前伸勾住杠子，将杠子上挑并迅速换右脚勾住，反复几次（图谱17－2），上抛到肩上（踢毽）（图谱17－3）。

甲演员

◎ 图谱17－1 ◎

◎ 图谱17-2 ◎

◎ 图谱17-3 ◎

（十八）背花（枪背）

甲演员可任取一种换肩的方式转身换肩，这时甲演员面朝后，杠子在右肩，头和上身下低（图谱18-1），弯腰90度，使杠子在背部，可以转一个圈，也可以同时转几个圈（图谱18-2、18-3、18-4）。乙演员颠杠子时要注意杠子的角度，适当向下一点，以上为一个动作。下面介绍的是难度大的动作，甲演员保持背部转圈动作，乙演员也做背部转圈动作，两人同时做转圈，起来时慢慢起身，杠子上肩。

◎ 图谱18-1 ◎

◎ 图谱18-2 ◎

甲演员

◎ 图谱18-3 ◎

甲演员

◎ 图谱18-4 ◎

（十九） 虎跳串肩（侧手翻）

乙演员或甲演员都可以，以乙演员为例，杠子在右肩两胳膊伸起面朝后（图谱19-1），身体向左侧，左脚向前跨一步，两手向下（图谱19-2），两手撑地，后脖子卡住杠子，身体向前下侧翻，两脚抬起（图谱19-3），右脚先落地，左脚后落地（图谱

乙演员

◎ 图谱19-1 ◎

乙演员

◎ 图谱19-2 ◎

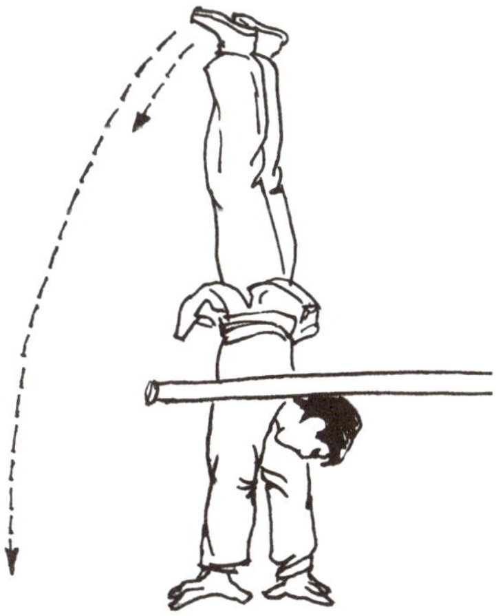

乙演员

◎ 图谱19-3 ◎

乙演员

◎ 图谱19-4 ◎

乙演员

◎ 图谱19-5 ◎

19-4），利用惯性身体立起来，两手离地，杠子还在右肩上（图谱19-5）。甲演员不做动作，注意颠杠子和杠子向下移动的情况。

（二十）顶杠下叉

以甲演员为例，甲演员用头顶起杠子，左腿向后抬起与背成一条直线（图谱20-1），左腿向下，头将杠子向后顶，两腿逐渐向下压做劈叉（图谱20-2），两腿劈叉到地（图谱20-3），然后逐渐两腿向上站立起来，杠子到背上两手向下（图谱20-4），做前滚翻（图谱20-5），迅速起身（图谱20-6）。

甲演员

◎ 图谱20-1 ◎

甲演员

◎ 图谱20-2 ◎

甲演员

◎ 图谱20-3 ◎

甲演员

◎ 图谱20-4 ◎

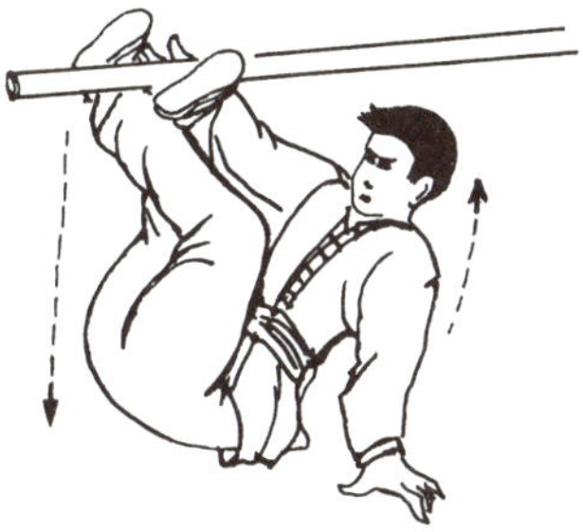

甲演员

◎ 图谱20-5 ◎

甲演员

◎ 图谱20-6 ◎

二、杠箱官的动作图谱

（一）杠上动作

1. 预备式

两个演员扛着一根4米长的竹竿，上面坐着杠箱官，手拿一把扇子，旁边有一个打伞的演员手持约2.5米高的伞，杠箱官手扶着伞杆保持平衡，做各种动作。（图谱21-1）

2. 杠上开花（过腿）

杠箱官手扶杠子腿抬起，做各种腿部动作。（图谱21-2）

3. 左、右朝天蹬

杠箱官手扶伞杆站在杠上，将脚用手搬起，做各种动作，也可以蹲在杠子上。（图谱21-3）

4. 倒挂金钟

杠箱官脚钩住伞杆头向下做各种动作。（图谱21-4）

◎ 图谱21-1 ◎

◎ 图谱21-2 ◎

◎ 图谱21-3 ◎

◎ 图谱21-4 ◎

（二）上杠和下杠动作

1. 双飞燕下杠

两个抬杠箱官的演员半蹲使杠子低一些，杠箱官蹲在杠子上（图谱21-5），用力向前上方向跃起，在半空中身体四肢打开，两只胳膊举起伸直过头（图谱21-6），半蹲落地，可以借机翻跟头或站起。

◎ 图谱21-5 ◎

◎ 图谱21-6 ◎

2. 倒卷帘上杠

两个抬杠箱官的演员半蹲使杠子低一些，杠箱官跳起站在杠子上，同时手扶伞杆。两个抬杠箱官的演员迅速站直身体，杠箱官半蹲在杠上手扶伞杆，右脚勾住伞杆，左腿盘勾住杠子，两手平伸头向下，挂在杠子上（同倒挂金钟）。

以上介绍了几个基本动作的构成元素，可以根据基本动作反复组合和编排。

三、审案内容

杠箱官审案应掌握的原则是判断是否是真告状，听完告状人的陈述就可以知道是真告状还是假告状，真告状要明察秋毫，秉公而断，杠箱官当街审判，人犯送大兴或宛平县关押。假告状就是要和杠箱官开玩笑或对杠箱官的智力进行挑战，具体就是出难题，让杠箱官下不来台。这时杠箱官千万不能被问倒，要想办法用机智幽默的语言将问题解决，或把问题的结果推回给告状者，让告状者无言以对。

这里介绍三个审案内容剧本。

断案一则

告状人说：老爷老爷，我要告状。

杠箱官说：有何冤情？

告状人说：我们家养了一只公鸡已经四年，到现在没有下过一只蛋。请老爷断案。

杠箱官说：老爷我一定给你秉公办理。

告状人说：请老爷给我做主。

杠箱官说：老爷我问你，你是谁生的？

告状人说：我是我娘生的。

杠箱官说：你不是你父亲生的吗？

告状人说：我怎么可能是我父亲生的呢？男人怎么会生孩子呢？

杠箱官说：既然男人生不了孩子，那你怎么让公鸡生蛋，纯粹是无理取闹，三班衙役将他给我轰了出去。

断案二则

告状人说：大老爷，我要告状。

杠箱官说：状告何人？

告状人说：老爷，我状告家父。

杠箱官说：新鲜！儿子告爸爸，你为什么要告他呀？

告状人说：回老爷的话，昨天乃是家父寿诞之日，我买了一盒点心、两瓶寿酒前去拜寿，并祝老人家长命百岁。

杠箱官说：你是个孝子呀！

告状人说：是呀！我满以为家父心里高兴，必然夸赞于我，可谁知道家父当时是脸色大变，怒气冲天，开口便骂，你这个不孝的奴才，你哪里是与我拜寿，分明给我添堵，还不给我滚。就这样连打带骂，给我轰出来了，老爷您说我冤不冤呀？您得给我做主。

杠箱官说：你爸爸今年高寿了？

告状人说：98岁了。

杠箱官说：什么？你爸爸今年98岁了，你祝他长命百岁？

告状人说：对呀。

杠箱官说：来人哪，给我重打二十。

告状人说：老爷慢着，我爸爸打我，您怎么还打我呀？

杠箱官说：你不明白？

告状人说：不明白呀！

杠箱官说：我告诉你，你爸爸今年98岁了，你祝他长命百岁。你这不是咒他还有两年的活头儿吗？你说，该不该打你？

告状人说：该打！

杠箱官说：来人呀！给我轰了下去。

断案三则

告状人说：老爷我冤枉。

杠箱官说：你有什么冤情状告何人？

告状人说：回老爷的话，现在虽然是太平盛世，可是江湖上不太平啊！

杠箱官说：为什么不太平？

告状人说：老爷您听我说呀！有这么一伙人，甚是猖狂，他们平日里冒充朝廷命官，依仗着朝廷的势力作威作福、欺压百姓，为首的仗着他有一身的好武艺，打劫抢劫压服绿林，望老爷为百姓申冤，以正国法。

杠箱官说：我问你为首之人名叫什么？

告状人说：就是这江湖上人称“四霸天”的黄天霸。

杠箱官说：什么？黄天霸！哈哈……好你个狂徒，瞎了你的狗眼，你可知道黄天霸眼下就在我的队伍中。

告状人说：啊！

杠箱官说：你若知晓，量你也不敢来这里。

告状人说：老爷饶命！

杠箱官说：黄天霸身为朝廷命官，对我朝忠心耿耿，除暴安良屡建奇功，太后老佛爷对天霸十分的喜爱，封他为四品带刀护卫。你竟敢诬告朝廷命官该当何罪？

告状人说：老爷，小人讲的句句实情啊！

杠箱官说：那你就不是个好人，肯定是受人指使，来人给我拿下。

告状人说：冤枉啊！冤枉啊！冤枉啊！

杠箱官说：押回去严加审问。

第六章 北京杠箱的传承

第一节　北京杠箱的传承谱系

第二节　北京杠箱的传承人介绍

第一节

北京杠箱的传承谱系

一、传承谱系

清朝末年最后一任杠箱官是隋少甫的父亲隋星甫，前一任是闫钰，当时的会首是刘海龄，再以前因年代久远已无从考证。

隋少甫出生于香会世家，自幼随父亲隋星甫学习民间花会技艺，11岁时拜师学习自行车的表演技艺，后又拜在京城四大前引之一景荣先生门下学习会规，是京城四小前引之一，对民间花会钟爱一生。

隋少甫从小受到熏陶，爱上了兵部杠箱会，他从父亲那里学到了兵部杠箱会的技巧，他生前最大的心愿是恢复兵部杠箱会的实体演出，但是未能如愿。由于隋少甫精研各档花会表演，被尊称为花会界的“活化石”。

隋少甫帮助恢复了龙潭庙会、地坛庙会、妙峰山庙会的花会表演，和王作楫先生合著《京都香会话春秋》一书，为后人保留下民间花会的宝贵历史资料。

隋少甫的二徒弟黄荣贵、五徒弟赵宝琪得到隋少甫生前亲自传授，掌握了兵部杠箱会的基本技艺内容。2007年在原崇文区文化馆的策划、组织下，经有关专家多次论证，修订脚本，进行排练，使这一古老的会档初步得到恢复。

历代传承谱系：

前几代不祥
↓
闫　钰
↓
隋星甫
↓
隋少甫
↓
黄荣贵

二、传承方式概况

花会的技艺和会首传承方式归纳起来无非三种形式。第一种是家庭的技艺传承，即父传子、子传孙或是有血缘的家族式的传承，该档香会也基本上掌握在一个家族的手里，因为有亲情为纽带，所以人员相对稳定。传承关系简单明确，有利于花会的传承，会首也基本在该家族中产生。第二种是师傅带徒弟的方式。师傅和徒弟没有血缘关系，完全是教与学的方式，技艺的传承完全是师傅和学生之间的个人行为，技艺传承的多少也要看师傅和徒弟之间的关系如何，该会的新会首也不一定在徒弟中产生。第三种是公传即公家的传承，技艺的传承是集体、单位或官府指定的老师和徒弟的关系，徒弟是指派给传承人的，由单位派遣人员跟随老师学习，是公家或单位的人事安排，如工厂里师傅带徒弟基本上是这样的传承技艺，人事组织安排也是由单位来定。民间香会中这样的情况也不少，如清代的内八档、十档官办香会就是如此。另外有的单位组织、乡村办的会档也是这样的传承方式。

兵部杠箱会的传承方式较为复杂。第一代杠箱官闫钰传承给了隋星甫，他们的方式基本上是第三种公传。由于清朝的灭亡，兵部杠箱会也就此沉寂，公传的形式也就不可能了，所以第二代的传承是家庭式的传承，隋星甫将技艺传给了儿子隋少甫。第三代的传承是第二种方式师傅带徒弟，隋少甫将技艺传给了徒弟黄荣贵、赵宝琪等人，于是黄荣贵等人成为第四代代表性传承人。

第二节

北京杠箱的传承人介绍

一、第一代传人——闫　钰

闫钰是清朝倒数第二任杠箱官。他的前任因历史久远，隔代较多，已无法说清楚，为了方便说明传承人的谱系顺序，所以暂且将闫钰说是第一代兵部杠箱会的传人并以此类推。对于闫钰我们所知道的资料甚少，隋少甫小时候也是听他的父亲隋星甫偶尔提起。据说闫钰武艺高强，为人侠义，可以做很多难度极高的动作，而且非常机智聪明，经常帮助有困难的人，交往广泛，朋友很多。隋星甫很早就认识闫钰，闫钰也非常欣赏隋星甫的武艺和豪爽，隋星甫是经过闫钰介绍和培养才成为了兵部杠箱会的杠箱官。后来闫钰还将杠箱技艺传给天津一家卖豆腐的人。

对于闫钰的历史记载不是太多，因为他毕竟只是在上百档民间香会中的一个角色，但是我们还是找到了有关他的蛛丝马迹。在《清内务府档案》中，记载了各香会参加皇家演出的演员名单，其中两次记录了闫钰的名字，内务府掌仪司承应各项香会花名册中记录兵部杠箱圣会69人，分别是：刘海龄、徐联升、吴玉山、张喜文、徐浩昌、徐东州、纪长安、张永利、靳连、刘福、李廷扬、李德福、王莲舫、张松坡、卢洪恩、吴世兴、庆寿、刘顺、李三元、王顺、张福、李寿山、靳德存、靳瑜、徐琪昌、靳绥知、张宝谦、靳德宜、岳兰亭、吴占鳌、连士卿、陆光明、任士荣、何永清、王生、高永泰、胡宝德、马升、朱瑞、李庭林、李廷瑞、张汉卿、靳维、曾殿镛、徐禄昌、岳润田、田瑞甫、刘成林、周顺、李海、闫钰、范德海、刘清如、闫寿山、孔筱泉、梁福、李德全、赵仰田、王连升、杜连升、张松岩、张成、徐恒昌、徐崇济、刘云庚、王德瑞、吴士茂、靳俊臣、吴士兴等。第51名为闫钰。

另一次内务府掌仪司承应各项香会花名册中“兵部引善杠箱”演员

64人分别是闫钰、刘海龄、徐东州 、吴玉山、徐联升、张喜文、徐鄂昌、徐浩昌、纪长安、刘福、李德福、岳兰亭、靳德谊、张松坡、李廷杨、靳琏、张永利、张葆谦、靳子泉、刘清如、王生、何永清、张福、李三元、刘顺、庆寿，吴士兴、李廷林、马升、方廷瑞、梁福、刘东安、范德海、吴占元、吴士茂、连士卿、李廷瑞、靳德存、高步瀛、靳瑜、王德瑞、徐淇昌、靳绥之、李寿山、张汉卿、张成、张松廷、杜连生、李德全、刘成林、岳润田、田瑞甫、徐禄昌、曾殿镛、周绍贤、卢鸿恩、任士荣、吴占鳌、王莲舫、刘云庭、徐荣济、徐恒昌，秦绍曾、靳华等。第1名为闫钰，可见闫钰在兵部杠箱会中的重要地位。

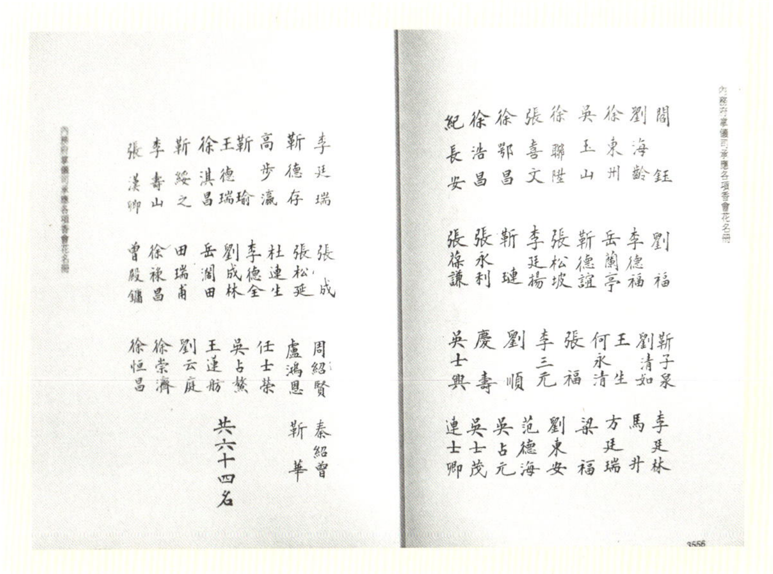
內務府掌儀司承應各項香會花名冊

閻鈺 劉海齡 徐東州 吳玉山 徐聯陞 張喜文 徐鄂昌 徐浩昌 紀長安

劉福 李德福 岳蘭亭 靳德誼 張松坡 李廷楊 靳璉 張永利 張葆謙

靳子泉 劉清如 王生 何永清 張福 李三元 劉順 慶壽 吳士興

李廷林 馬升 方廷瑞 梁福 劉東安 范德海 吳占元 吳士茂 連士卿

內務府掌儀司承應各項香會花名冊

李廷瑞 靳德存 高步瀛 靳瑜 王德瑞 徐淇昌 靳綏之 李壽山 張漢卿

張成 張松廷 杜連生 李德全 劉成林 岳潤田 田瑞甫 徐祿昌 曾殿鏞

周紹賢 盧鴻恩 任士榮 吳占鰲 王蓮舫 劉云庭 徐榮濟 徐恒昌

秦紹曾 靳華

共六十四名

◎ 内务府兵部引善杠箱演员名单 ◎

通过以上名单可以看出“兵部杠箱圣会”和“兵部引善杠箱”尽管会名有所区别，感觉像是两个会档，但其实是一个会。根据两个名单“兵部杠箱圣会”演员69人，“兵部引善杠箱”演员64人，人员多少似乎有差别，这个很正常，可能是演员有事去不了，当代的民间花会也是一样，很难有一场表演所有演员都凑齐的情况。名单中的名字有十人不符，那就是说六分之五的演员参加了两场演出，可以说“兵部杠箱圣会”和“兵部引善杠箱”两个名称有区别的会档用的是一拨人。同样也可以说“兵部杠箱圣会”和“兵部引善杠箱”两个名称有区别的会其实就是一个会，只是叫法不同。再根据金勋写的《妙峰山志》一书中明确指出的“按引善杠箱圣会，北京只此一堂，为正阳门内兵部职役二班人员所办”的说法，可以肯定“兵部引善杠箱”在北京地区只有一个。

在清朝刑部为官的夏仁虎撰写的《旧京琐记·卷一·俗尚篇》中记载：“正月之灯向集于前门内之六部，曰六部灯，以工部为最。有冰灯，镂冰为之，飞走百态，穷极工巧。亦扮杂戏，有役闫姓能演判官，立独杠上为种种姿势，呼之为闫判，殆亦黄胖游春之遗欤？庚子乱后遂废。”其中记述了清朝光绪年间闫姓杠箱官的风采。

二、第二代传人——隋星甫

隋少甫的父亲隋星甫早年是京城顺源镖局的镖师，就是北京著名的武术大家“大刀王五”开设的镖局。大刀王五本名王正谊，祖籍河北沧州。他因拜著名的武术家李凤岗为师，排行第五，故尊称为“大刀王五”，列居清朝晚期十大高手谱之一，光绪三年（1877年）在北京半壁街（原崇文区地区）开了顺源镖局。镖局建立后生意十分红火，名声很大，保镖的范围极广，从北到南都有镖局的足迹， 几年间镖师已经发展到50多人，是京城八大镖局之一。梁启超在《饮冰室诗话》中还写道：“王五为幽燕大侠，以保镖为业，其势力范围，北及山海关，南及清江蒲，生平以锄强扶弱为事。浏阳少年，尝从之受剑术，以道义相期许。”隋星甫武艺高强而且有文化，会写字和数学，这在镖师中也是屈指可数的，深受“大刀王五”的器重并让他管账，成为镖局的主要管理者之一。后来王五被八国联军枪杀于前门，镖局也随之解体。隋星甫经人介绍进入兵部当差，他对行香走会也是酷爱，成为兵部杠箱会的演员。因为隋星甫很会办事，为人豪爽，武艺高强，体型比较瘦，关键是头脑机智，这些都是杠箱官的必备条件，杠箱官是整个行香走会的灵魂，需要丰富的走会知识，机智灵活的处事能力，丰富的社会知识，风趣的语言能力，这个角色不是一般人能够担任的。对于杠箱官的选拔也是严格的，首先要武艺高强，这样上下杠表演才能完成，因为杠箱官在杠上做各种动作比耍杠箱的演员要难得多。然后要求体型瘦些，否则扛杠箱官的演员就吃不消了。最后关键是头脑机智，善于随机应变表演。这些条件隋星甫都符合，于是被当时的杠箱官闫钰看中，开始传授杠箱官的技巧。隋星甫天资聪明一学就会，很快掌握了表演技巧。当闫钰离开兵部后，隋星甫成为杠箱官，实际上也是清朝最后一任杠箱官。清朝灭亡后兵部杠箱会也走到了尽头，演员们自寻出路，隋星甫也改行做了买卖，开了一家货栈，自己当上了老板，并且陆续开了茶馆等几家买卖，家里经济上还是富足的。在北京的南城地区尤其是天桥地区，隋星甫的名声其实是很大的，他对民间香会极为痴迷，在北京的香会界也有良好的名气。隋少甫从小就在这样的家庭中长大，耳濡目染民间香会的事情，为他将来终身献给花会事业奠定了基础。

三、第三代传人——隋少甫

（一）简介

原崇文区地处北京东南部，属内四城区之一（清朝时归大兴县管辖），因位于崇文门南而得名。其东北部和东部与朝阳区搭界，南部与丰台区相交，西部与原宣武区毗邻，北部与东城区接壤，境内留有丰厚的物质和非物质文化遗存。隋少甫先于1920年6月19日，住原崇文区崇文门外街道辖区北官园八号（现已拆迁）。

隋少甫出生于香会世家，其父隋星甫是清末皇宫内八档香会中兵部杠箱会的最后一任杠箱官。隋少甫从小就和香会结下了不解之缘，受到家庭环境的熏陶，他从父亲那里学到了关于杠箱会的技巧和知识，成为北京地区兵部杠箱会沉寂之后唯一的嫡系传人。

隋少甫11岁时曾拜奎世峰先生为师，学习车技，后又拜在京城四大前引之一景荣先生门下学习会规（景荣先生是内八档之一刑部五虎棍的传人），1940年任万里云程踏车老会会首，是京城四小前引之一。隋少甫为了玩儿会，卖了他祖上留下的三所大宅院，新中国成立后成为中国杂技团首批车技演员，后从国棉一厂退休，因腿部受伤长期卧床。隋

◎ 隋少甫先生 ◎

少甫是北京花会德高望重的老会首，精研各花会表演，被尊称为花会界的“活化石”。经过“文化大革命”，京城花会受到很大摧残，1984年隋少甫帮助举办了龙潭庙会，1985年至1987年又帮助组织地坛庙会。1990年由四位德高望重的老会首出面组织了妙峰山庙会的花会表演，分别是卢德瑞、白德山、隋少甫、费文通，现今老人们已经过世。1993年在市领导的关怀和政府的支持下，隋少甫联络了多档花会共同组织恢复了京城历史最悠久、名气最大的妙峰山庙会。庙会活动带动了当地经济的发展，取得了可观的经济和社会效益。妙峰山庙会后来也被列为国家级非物质文化遗产。

（二）一生的心愿——兵部杠箱会

隋少甫一生一直想恢复、组织兵部杠箱会的团队进行实体演出，但因经济拮据，人员难寻，自己的腿又摔伤，他的愿望生前始终没有实现。他自己也没有在公共场合表演过杠箱，只是在徒弟面前切磋过该技艺。隋少甫见过杠箱会的演出吗？答案是肯定的：“见过一次。”不过不是原清朝的兵部杠箱会，而是民间杠箱会。那么兵部杠箱会和民间杠箱会有什么区别呢？兵部杠箱会代表朝廷的威严和权力，具体说是可以执行国家法律。而民间杠箱会没有这个权力，杠箱官只是表演，逗乐打趣，性质截然不同。隋少甫饶有兴致地跟笔者说起他小时见到的杠箱会演出时的情景。

表演时间是1938年，地点是太庙（现劳动文化宫）或是中山公园。隋老和笔者介绍时说的是中山公园，笔者在写这本书时和隋老的徒弟赵宝琪探讨此事地点，赵宝琪说的是太庙，笔者和赵宝琪一致认为，估计是隋老当时和笔者说此事时已经80多岁，又因太庙和中山公园距离相近，可能说得模糊了一些。为给抗战筹款，隋星甫率民间香会义演，隋少甫得以有幸见过一次原汁原味演绎的杠箱会表演。

隋少甫回忆说，那时他还是一个小孩，和一群演员一起去，走到门口时，守门的军人看到一群装束奇特的人，不知是干什么的，于是挡住他们不让进，旁边有人说："我们是参加演出的香会的演员。"指着一个装扮成县官模样的演员说："这是演杠箱会的杠箱官。"当军人了解了情况后马上打了一个立正并敬军礼说："杠箱官请进。"于是他们一群人一起进入太庙内，看了一场精彩的演出。这是隋少甫见到的唯一一场在兵部杠箱会解体后的具有兵部杠箱会技艺的杠箱会表演。现在他回想起来仍激动不已、津津乐道。

兵部杠箱会是内八档之一，技巧性强，和其他各档会相比有重要地位。隋少甫有八个徒弟，各学了一档会，现在都是各会的领军人物，如耍中幡的黄荣贵、打五虎棍的赵宝琪、踩高跷的雷友岐、小车会的孙忠喜、开路会的谢永禄、张文礼以及打五虎棍的邵玉田等，唯独兵部杠箱会没有恢复表演。隋少甫生前想恢复杠箱，也在媒体上呼吁过，但没有办成，后来身体状况不行了，已无力支撑恢复工作，这也是老人唯一的遗憾之处。

（三）隋少甫与万里云程踏车圣会

清末时，北京有一个玩自行车的组织，名叫"体育集友"，经过刻苦训练名声逐渐大了起来，组织者名叫章慧民。章慧民是旗人，家境比较殷实，喜爱玩儿自行车，结交了一群有共同志向的年轻人整天练车，通过训练可以做各种高难动作，分单人、双人、三人甚至几人，如在自行车上倒立，五六个人在一辆车上叠罗汉。因为是新鲜玩意儿，每次都引来观众围观，受到了百姓的欢迎。该组织从技巧上接近武会，民间香会心怀宽广，容纳新生事物，最终接受了这个新的项目。其实，中国早在古代就有车技和马戏，在山东沂南的汉墓室中的《百戏图》第四部分就有马戏和鼓车表演。表演者在马上或做倒立，或耍流星，人欢马跃，技巧高超；鼓车更是隆隆如闻其声。这些节目如手技、倒立、走索、顶竿、马上技艺、车上缘竿等，至今仍出现于中国杂技艺术表演中。尽管自行车和古代的车技在工具上不同，但是基本的原理是相似的。

该会于民国八年（1919年）贺会成立，在北京西城区什刹海会贤堂举办的贺会仪式，名叫“万里云程踏车圣会”。当时邀请了众多京城文武各会参加，其中文会有52档，武会40档。据说摆了17桌，场面宏大，该会会首是章慧民。贺会后，该会就可以上妙峰山走会了。后来因为其他自行车会的成立，此会改名为“万里云程踏车老会”，一直沿用到今天。会首章慧民去世后，隋少甫成了第二任会首。香会会首的产生有几个方式：一是会众们选举产生；二是该香会的创建人担任；三是任命的；四是家传的；五是被推荐或是自己争取来的。会首任期时间不确定，可能是终身的也可能是短期的，主要是看其对该香会的热心与贡献程度，也视个人的能力和财力情况而定。隋少甫成了第二任会首是被推荐的。

奉宽在《妙峰山琐记》一书中写道：“普兴万缘净道会则同治三年

◎ 民国时的万里云程踏车老会 ◎

太监安德海修中道，光绪十八年太监刘诚印修中北道。杂技社火，则陈各庄跨鼓立于康熙时，大河庄少林起自嘉庆二十年，翰林院太平棍创于道光十三年，惟护国寺踏车会乃最近庚申年新立。”护国寺踏车会就是指万里云程踏车圣会，因为该会是在护国寺地区练车技。

顾颉刚先生对万里云程踏车圣会作了一段注明：“这是玩自行车人

◎ 踏车老会合影，中间最高者为隋少甫 ◎

的结合的会。到妙峰山的路很崎岖，不适于骑自行车，不知道他们是不是乘车去的，还是到金山东麓时就把车子停放了。他们在路上或者要比赛快慢，做出许多花样，可惜我们没有看见。我们只是在他们会启中知道他们是由北道登山，中道回香的。”

《北平指南》一书记载：“近年自行车会最为时髦，青年富团结性，故迩日之集会，自行车大露头角，名万里云程自行车会，如妙峰山走会中，及最近之先农坛游艺大会中皆见之。自行车会自李学勤创练，蔚为艺术，后起之骑车家甚多，其表演这种类亦极复杂，惊险滑稽，大有可观。”

北京民间香会中武会形式多样，但是被认可的只有十三档，因为每一个武会都有历史传承和渊源，每一个武会都是庙里的一个摆设。每一个武会都和庙里牵扯上关系，踏车会的说辞是为娘娘催钱粮、送信搞联络工作，这样和老娘娘庙有了关系。万里云程踏车圣会供奉的祖师爷为轩辕黄帝。

当时还有其他新的会加入，即小车会和旱船会两档，这样就形成了民国时的十六档香会，民间香会也增加了新的力量，妙峰山的香客们也看到了新玩意儿，受到了香客们的欢迎，出尽了风头。走庙会时是五辆自行车，因为让他分五路为老娘娘催讨钱粮，还要为其他的会搞联络工作，万里云程踏车老会虽然成立较晚，但对北京的民间香会有很大的促进作用。

隋少甫从小就容易接受新的事物，尤其喜欢自行车。20世纪三四十年代，自行车没有现在普及，有辆自行车是件很时髦的事，隋少甫喜欢自行车，通过当时香会界的名人哈四爷介绍，隋少甫正式拜万里云程踏车圣会奎世峰为师，学习车技，成为万里云程踏车圣会的成员，在北京城内也是风光得很。自行车不仅仅是代步的工具，要把它玩儿转了是很不容易的事，在自行车上做各种动作，就是自行车表演的苦练部分。隋少甫喜欢自行车技艺，对此有浓厚的兴趣，自行车被他琢磨透了，后来退了休，隋少甫还自己在胡同为人维修自行车，这无疑取决于他年轻时对自行车的研究。

1939年万里云程踏车圣会会首去世，18岁的隋少甫经过奎世峰的举荐成为该会的新会首。隋少甫当了会首后，正逢乱世，日寇的侵略，社会的动荡，北京地区不太平，隋少甫没有去妙峰山走过会，走会意为替娘娘当差，自己居然没有去过妙峰山，这是他的遗憾。

◎ 隋少甫的自行车技艺 ◎

妙峰山历史上遭遇的第一次大劫难是日寇侵华。据《妙峰山庙会》一书记载，1937年10月3日，日军12架飞机向妙峰山金顶进行轮番轰炸，娘娘庙笼罩在一片火海之中，几千名日军向娘娘庙发起进攻，由纪亭榭指挥的抗日一总队100多人与几十倍于己的敌人进行了顽强地抵抗，利用居高临下的有利地形，打退了敌人一次又一次的进攻。战斗一直持续到傍晚七时，趁着降临的夜幕，抗日一总队安全转移。鬼子除了扔下几十具尸体之外，什么也没捞到，他们烧毁了大风口茶棚、撤离了妙峰山。日军的这次轰炸使妙峰山娘娘庙受到了严重的破坏，此后，八路军在斋堂地区建立了平西抗日根据地，而妙峰山则处于平西抗日根据地的前沿，敌我双方多次交战于此。1939年10月下旬，侵华日军600多人进攻妙峰山，八路军在游击队的配合下，给敌人以迎头痛击，歼敌50多人。有一次日军要砍掉娘娘庙前大纛旗的旗杆，由于这根高大的旗杆是南方特产的铁糙木制成的，木质十分坚硬，刀斧砍不动，后来被日军用炸药炸毁。

1941年7月18日《解放日报》报道："华北新华社平西讯，阳历四月初六是北平妙峰山娘娘庙的会期，北平附近敌占区同胞前往进香者极多，情景异常热闹。解放战争时期，妙峰山是解放区的前哨，是敌我争夺的战略要地，仍然战事不断……在这个时期，妙峰山庙会仍在举办。"据《解放日报》1946年6月16日报道："新华社张家口15日电，北平西40公里我昌平解放区境内的妙峰山，农历四月初旬庙会，盛极一时。由于民主政府的努力建设，当地社会秩序日臻安宁，交通异常方便，今年各地前往观光者在15万人以上，尤以来自平津保等城市的香客、旅行团以及狮子会、石锁会一类的娱乐组织最踊跃，繁盛情形为七八年来所未见……"新中国成立后，由于历史的原因，妙峰山庙会停办，娘娘庙处于无人管理状态，殿堂倒塌，神像损坏，破砖烂瓦，断壁残垣，蒿草没膝，一片荒凉。但每到农历四月初，仍有不少人前来进香，但花会却不见了。

1942年春季庙会期间，隋少甫决定冒险前往走会，由于门头沟是抗日根据地，北平又被日本人占领，门头沟地区又是日本人重点扫荡地区，去走会实在是一件不容易的事。隋少甫带领万里云程踏车老会去了妙峰山参加庙会，一路见到上香的人很少。当千辛万苦到了妙峰山顶娘娘庙时，基本上没有什么所谓的走会景象，而且更让他们震惊的是，日本重点扫荡过妙峰山，妙峰山娘娘庙已是破烂不堪，一片残垣断瓦，灵感宫的娘娘塑像也被破坏得只剩下了一尊，被放在三块砖头上。参加庙会的香客仅有数百人，武会只有他一档，茶会也只有一个。走会的心愿已了，但是场景不堪入目，让隋少甫不堪回首，直到1990年涧沟村重新修复了妙峰山娘娘庙，才再次去的妙峰山。隋少甫利用车技经常参加自行车表演和外地的表演，名声逐渐大了起来。新中国成立后，隋少甫多次带领自行车会参加公益性的表演和重大节庆表演，并且对杂技团的车技演员进行了传授。"文化大革命"期间，因为花会的历史问题隋少甫受到了牵连，被调离杂技团到了国棉二厂工作，直到退休。

顾颉刚先生在《妙峰山》一书的《本年的妙峰山香会》一文中说："把本年的香会，统排一过：第十五项就是'万里云程踏车圣会'——地安门外护国寺街路北……以上二十会，在北京内城。"万里云程踏车圣会是隋少甫先生从他师傅那里传承下来的会，在其有生之年将该会传给了现任东城区文联民间艺术家协会常务副主席、民间花会委员会主任张加贵先生手里，使该会得以延续。

（四）改革开放后北京第一次走会

妙峰山走会的恢复，是随着改革开放、传统文化的复兴逐渐发展起来的，起因可以追溯到隋少甫这一代，而隋少甫的走会是从1983年在北京城内原崇文区的一次民间花会表演开始的。当年隋少甫联合了几档会，向居住地原崇文区有关文化部门提出申请，在春节期间以群众自办的方式，进行花会走街表演，活跃群众春节期间的文化生活，展示原崇文区人民的幸福生活和"文化大革命"后人们的愉快心情。没想到这个试探性的申请被原崇文区政府采纳了，反而使隋少甫他们不知所措，没想到这么顺利。隋少甫他们立即对相关的路线、规模大小等问题进行商讨。最后还是觉得不宜搞得规模太大，因为北京城内已经多年不走会，究竟会产生什么后果谁也拿捏不准，所以控制规模，摸着石头过河吧！

路线确定从原崇文区评剧院出发走南岗子胡同，这样不上主要的街道，会减少很多麻烦。1983年正月十五日是激动人心的一天，看表演的百姓人山人海，把胡同两侧挤得满满的，因为人们已经很久没见到过这种民俗表演了。百余花会会友（演员）看到这个情景也是激动万分，精彩演技不断，引起了群众热烈的掌声，叫好声不断。

看过当时表演的人向笔者介绍说："演员们热情极高，不断地表演，几乎没有停，把演员们给累得够呛，演舞狮的演员累得坐在地上爬不起来了。"他回味着当年的美好记忆，心情还很激动，仿佛回到了当年的场景，令人回味。

这次的表演反响热烈，受到了各方面的好评。隋少甫被媒体称为"京城花会老英雄"。原崇文区政府也看到了民间花会的潜力，为民间花会大开了绿灯，使民间花会在原崇文区落地生根，成为该地区民间文化的热点，每年的庙会，民间花会都是主角。原崇文区也开始大力扶持民间花会，形成了原崇文区文化的品牌，取得了文化、经济等多方面大丰收，提升了本区域的形象。

（五）成功举办花会表演赛

1984年春节，原崇文区文化局在龙潭公园开始举办花会表演，给北京的民间花会带来了前所未有的春天，社会上对该活动反响强烈，也产生了轰动效应，对于古老的北京历史名城的形象的树立起到了很好的典范作用。1987年原崇文区文化局和文化部联合举办了全国规模的龙潭湖全国花会大赛，隋少甫凭着他的热情和人脉，从北京、山西、河北等地找到了近百支花会队伍来参加。现在谈起来时，花会界很多的人还特别佩服隋少甫，居然能将这么多传统花会找出来，隋少甫就有这个本事。

原崇文区也成立了相应的机构——原崇文区文联民间花会联合会，隋少甫担任秘书长。隋少甫也是龙潭湖、地坛等几处庙会花会活动的具体筹划组织者，成为北京花会界无可争议的领头人，被称为北京花会界的总会首，被媒体尊称为民间花会的"活化石"。

◎ 隋少甫家中照片 ◎

（六）重上妙峰山

改革开放后，国家的政策越来越开放，人民的生活越来越好，社会安定和谐，隋少甫走会的愿望更加强烈。妙峰山是所有走会人的目标和心愿，那是他们魂牵梦绕的地方，心灵的圣殿。如果能够到妙峰山走会将使他们的心理得到极大满足。隋少甫在1942年去妙峰山走过会，现已过了40多年，隋少甫开始琢磨着再次走会妙峰山的事儿了。

1989年，通过新闻媒体看到了妙峰山大庙重修的消息，隋少甫去涧沟村联系妙峰山庙会走会的事，双方一拍即合。1990年隋少甫召集九档花会去妙峰山走会，受到了当地村民的欢迎，演出获得了成功，涧沟村委会为去妙峰山走会的会档赠送了锦旗以示感谢。但当地公安部门认为这是封建迷信活动，属于非法聚会并开始追查领头的人，公安人员也来到崇文门外街道隋少甫的家中调查情况。按照花会的规矩，花会要连去三年，隋少甫第二年和涧沟村联络准备走会，但是当地政府不允许，为了免除麻烦，当年走会没有成行，只有一档丰台的红寺地秧歌会在会首的带领下分散前往，不敢敲锣打鼓，秘密进入，表演后迅速撤离。

后来北京市的领导来到妙峰山视察，了解到花会来表演遭拒绝时指示，花会来表演是好事，应表示支持，这个禁区的大门才打开，第三年妙峰山庙会得到认可，很多的花会在隋少甫带领下，又前往妙峰山走会。对传统文化的认可为民间花会打开了大门，为妙峰山旅游打开了大门，为妙峰山的招商引资打开了大门，现在妙峰山已成为北京市和门头沟地区的旅游重点，妙峰山庙会因民间花会的支撑也被列入非遗名录，每年的庙会期间也是妙峰山最聚人气的时候。

◎ 隋少甫在妙峰山庙会 ◎

隋少甫为北京民间艺术家协会会员，曾任北京原崇文区民间花会联谊会秘书长，对于民间花会的保存、流传和挽救做出了重要贡献，隋少甫和兵部杠箱会的报道多次在海外、中央电视台、北京电视台、《北京晚报》、《法制晚报》和《娱乐信报》等媒体上播映和刊登。

引用《妙峰山香会组织的传承与处境》一书，《民间文化的守望者》一文中的一段话："隋少甫的出现……为花会重新树立形象，找到了生存空间，使花会再次得以复兴，这一系列举动，成为花会发展的关键，因此，隋少甫权威地位得以确定……自从崇文区民间花会联谊会成立起以后，老玩角们已经相继过世，而熟稔花会的历史和规矩礼法的只有隋少甫一人。在与其他玩角交谈之时，隋少甫用他对历史和规矩礼法的超强记忆和灵活运用，把京城各档花会说得头头是道，如数家珍。凭借这一点，即使退出舞台不能表演，隋少甫仍能维持住他的权威地位。"

隋少甫生前还保留着放在供奉的花会祖师神位前的半副銮驾，由师傅景荣传给他，半副銮驾大约是道光年间的东西，已有200年的历史，放在组合柜格挡中，严丝合缝。笔者曾拿出来过一次，费了很大力气，才将銮驾放进格挡，隋少甫还不放心重新放了一遍。隋老的銮驾分别是：金瓜、钺斧、朝天蹬、执掌、拳横、九连环、龙棍、日月龙凤伞、肃静回避牌、灯笼、棍和黄罗伞。这些执事年头已久，颜色有些发旧，保存还算完好，看得出做工非常精致。在“文化大革命”期间，隋少甫受到波及曾多次被抄家，许多父辈留下的东西都没有了，只有师傅留下的这副銮驾保存了下来，成为民间花会历史的见证。

◎ 隋少甫收藏的半副銮驾 ◎

（七）妙峰山的花会情缘

2005年9月4日隋少甫不幸去世。第二年秋季，为了纪念隋少甫逝世一周年，他的徒弟黄荣贵、赵宝琪、张文礼等人，领着数档花会上了妙峰山，以师傅隋少甫生前最喜欢的方式，表达怀念师傅的深厚感情。

隋少甫的家人和徒弟们希望在妙峰山上为隋少甫立一块碑，让他永远不离开他生前钟爱的妙峰山，每一年的妙峰山庙会都会看到他徒弟们的花会表演。

为纪念隋少甫的功绩，在有关部门的共同努力下，在妙峰山立碑以资纪念。2008年5月7日上午，在门头沟区妙峰山举行了为已故民间花会艺术家隋少甫老先生立碑的揭幕仪式，出席仪式的有原崇文区文联主席贾宏震、区文化委副主任魏瑞峰、妙峰山管理处的领导以及十多档花会的老会首及各界群众200多人。仪式由原崇文区文联民间花会委员会主席张加贵主持，出席仪式的领导为纪念碑揭幕，随后八档花会进行了现场表演，会场上的热烈气氛使仪式达到了高潮。

石碑的正面有以下刻字。

香会泰斗

隋少甫

隋少甫（1920—2005年）北京市人，出身香会世家，曾拜京城四大前引之一景荣学习会规，1940年担任万里云程踏车老会会长。一生精研各档香会表演，被誉为北京现代香会界“活化石”。20世纪80年代为恢复妙峰山庙会及北京的民间香会做出巨大贡献。令人敬仰尊为泰斗，特立此碑永世追念。

◎ 隋少甫纪念碑正面 ◎

北京市崇文区文联（民间花会委员会）

北京市崇文区文化馆

妙峰山景区管理处

丁亥年八月初一敬立

碑的后面有以下刻字。

徒弟：尹德贞、黄荣贵（众友同心中幡圣会），谢永禄、张文礼（众友同乐开路圣会），赵宝琪（同心合缘五虎打路），孙忠喜（群英同乐小车圣会），雷友岐（康家营高跷老会），邵玉田（前苇沟五虎棍会），女儿：隋雪凤、隋雪雁，义子：吴效群（民俗专家博士）

◎ 笔者和隋少甫的女儿在碑前合影 ◎

四、第四代代表性传承人——黄荣贵

（一）拜师隋少甫

黄荣贵先生生于1939年，出生于北京，是地地道道的老崇文，自幼喜好民间艺术。他15岁时到天桥跟徐俊清学习摔跤和中幡，徐俊清当年名望很大，称为“毯子徐”，在天桥摔跤界那是鼎鼎有名。黄荣贵由大师兄王文志带着练习，在天桥练习摔跤时结识大兴芦城的李师傅，并被李师傅看中收为徒弟，跟李师傅学习内八档之一的中幡，成为礼部中幡的技艺传人，李师傅将毕生真传教于黄荣贵，并在去世前将一本《皇家中幡图谱秘集》的折子传给黄荣贵，后被焚毁。

◎ 北京杠箱传承人黄荣贵 ◎

黄荣贵在龙潭湖和师哥闫得力一起练习摔跤和中幡时，结识了也在此练习车技的隋少甫。隋少甫非常喜欢勤学好练的黄荣贵，教他车技和中幡，后因黄荣贵买不起自行车而放弃。隋少甫后来提出为黄荣贵他们成立一个中幡会，于是由隋少甫主持贺会、闫得力为会首的协力同乐中幡圣会在1963年4月正式成立。1987年黄荣贵的大师哥尹德贞听说隋少甫名气很大而且是花会界的权威，非常仰慕，想拜他为师。经引见，隋少甫很爽快地答应了，于是黄荣贵、尹德贞、谢永禄、张文礼四个一起正式磕头拜隋少甫为师，仪式由李金斗主持，黄荣贵成为隋少甫二徒弟，学习中幡表演、杠箱和

◎ 隋少甫收徒 ◎

会规。

（二）成立中幡会

民间花会在我国已有2000多年的历史，起源于春秋时期。中国自晋代就有耍幡的表演，曾有《幡舞歌》的记载。“幡”是既具有仪仗形式又用于比赛的一种旗帜。明末清初幡得到大力发展，清朝中期则是鼎盛时期。耍幡在明清前多为宫廷舞乐，后传入民间。中幡，也叫“幢幡”“耍幡”“大执事”。清朝时由礼部演练，被列为皇宫内八档皇会之一。20世纪80年代由隋少甫主持贺会成立了由黄荣贵为会首的众友同心中幡圣会。

1983年由隋少甫组织的民间花会从燕京评剧团出发（现在培新街一带），进胡同走了大约有两站地的距离，一直走到北岗子原崇文俱乐部。黄荣贵回忆说，当时一路上观看的老百姓特别多，走了一个多小时，观众们也站着看了1个多小时，那次表演非常成功，很多人顺着电线杆子爬到高处看，而且人是越聚越多。当时跟着师傅一起走的黄荣贵由于太激动了，一点都不觉得累。在那个时代，北京市内走会那是头一回。

1984年黄荣贵带该会参加了地坛庙会的中幡表演，两年后又参加龙潭庙会表演，此会多次参加各地庙会，并多次获奖，如龙潭湖第一届庙会获二等奖、首届“太平杯”民间花会大奖赛获二等奖、第二届“太平杯”民间花会大奖赛二等奖、第三届“太平杯”民间花会大奖赛一等奖、张镇“莲花山杯”北京市民间花会大赛银奖（2005年2月）。从1990年开始，众友同心中幡圣会每一年都要去参加京西妙峰山庙会的表演。2011年在东城区传承人交流展和非遗大展上，中幡的表演获得好评。

中幡杆子有10米长，杆子上有三个伞，上面还有幡衣，得有二三十斤。中幡的基本功是站桩，为的是脚底有根。然后练抱杆，接下来练盘肘，这些练扎实了就基本可以表演了。比如用脑门接幡，幡踢起来用鼻子接，用嘴接，用下牙接。众友同心中幡圣会技艺独特，杯中揽月、踢毽、背花、鼻顶中幡等动作均达到极高的水平，在北京的中幡界也是处于领先地位。为了传承花会技艺，2007年11月黄荣贵在原崇文区幸福大街阳光海鲜举办收徒仪式，正式招收六名徒弟。2009年黄荣贵因年龄和身体的原因，不再担任会首，将中幡技艺传给了儿子黄勇，黄勇成为新的会首，使中幡技艺得以传承发展。他们经常被邀请去全国各地表演，上海、杭州、安徽等地都留下了他们的足迹。众友同心中幡圣会也成为第一批入选原崇文区区级非物质文化遗产名录的民间花会项目。

◎ 众友同心中幡圣会在妙峰山娘娘庙内演出 ◎

（三）恢复兵部杠箱会

黄荣贵在龙潭湖向隋少甫学习技艺时，隋少甫曾表示，他一生的最大愿望就是在有生之年恢复兵部杠箱会，遗憾的是始终没有完成心愿。黄荣贵从隋少甫那里学到了关于兵部杠箱会的技艺。2004年11月政府开展了非物质文化遗产的普查工作，在普查中了解到兵部杠箱会的唯一传人隋少甫先生就居住在崇文门外地区所属北官园八号。崇文门外街道工作人员进行多次采访、录音、录像、挖掘记录。2007年初兵部杠箱会以“北京杠箱”的名称被原崇文区政府确定为首批进入区级非物质文化遗产名录的项目。紧接着建立兵部杠箱会恢复的组织机构并召开专家论证会进行研讨，确定以原崇文区文化馆、文联和崇文门外街道办事处联合组织恢复表演。以隋少甫的二徒弟黄荣贵、五徒弟赵宝琪为指导，有关专家为顾问的模式开展工作。

此项目在有关专家的指导下，在经过长时间的调查、研究、撰写论证报告和多次座谈的基础上，明确了兵部杠箱会的历史定位，初步解决了核心表现内容等难题，确定了兵部杠箱会的恢复排练脚本。

按照已故兵部杠箱会传承人隋少甫的口述记录和黄荣贵等人的亲身示范，对表演内容、人物、动作、服装、道具等内容进行恢复，以保持其原汁原味。由于兵部杠箱会具有高难度技巧，在原崇文区文化馆的策划组织下，以北京京剧院专业演员和崇文门外街道传承人队伍相结合，以专业带业余的形式进行恢复排练，使其得到具有较高艺术价值的完整恢复，最后落实到社区传承人队伍进行传承。

2007年2月28日开始在原崇文区文化馆进行为期近两个月的兵部杠箱会排练。在兵部杠箱会的恢复中，黄荣贵积极主动地教徒、排练、联系制作道具，有些道具市场上买不到，就和赵宝琪等人一起制作。有时，为了一个部件要跑半个北京城，他不辞辛劳，为的就是传承北京传统的花会艺术，他为兵部杠箱会的恢复起到了重要作用。为了兵部杠箱会在本地的传承，将自己练中幡的徒弟介绍出来训练杠箱，经过多方努力，使兵部杠箱会完成了当初制定的在本地传承的目标。2007年4月6日下午，在隆安寺举行了原崇文区“非物质文化遗产‘杠箱会’公演活动”。经过为期近两个月的排练，古老的宫廷内八档之一的兵部杠箱会展示在我们面前。兵部杠箱会这一古老的花会表演艺术，通过国家启动的非物质文化遗产项目的保护工作，在沉寂百年后得以恢复。

（四）北京杠箱的传承人

2007年6月9日，兵部杠箱会参加了北京市文化局在劳动人民文化宫举办的“保护文化遗产展示人文奥运”——北京2007年“文化遗产日”宣传活动的展演。兵部杠箱会演员们的精彩表演赢得了观众们的阵阵掌声，北京市副市长孙安民观看了演出。众多的媒体竞相报道，为原崇文区赢得了荣誉。黄荣贵现在提起还是兴奋异常，他说：“古时的会，只

◎ 黄荣贵指挥兵部杠箱会排练 ◎

北京杠箱

市级非物质文化遗产

北京市人民政府公布
北京市文化局颁发
2007年6月

◎ 北京杠箱入选北京市级非物质文化遗产名录 ◎

有内八档可以去太庙（现劳动人民文化宫）演出，那是受皇封的会，现在的花会，如果在太庙演出了，就跟过去受了皇封是一个道理，那是有名气的会，没名望去不了那里。”

◎ 太庙表演 ◎

2010年1月31日，北京市文化局在原崇文区前门大街举办了“我的北京我的家”春节系列文化活动启动仪式，并进行了民间花会前门踩街

◎ 黄荣贵的徒弟在前门踩街表演 ◎

活动，兵部杠箱会代表原崇文区民间花会参加踩街走会表演。他们的精彩表演受到了在场观众的热烈欢迎，这样是兵部杠箱会恢复实体演出以来第一次走会踩街表演。

2010年2月26日到28日，崇文门外街道第十届元宵灯会在国瑞城购物中心商场门前举行，中幡、杠箱、舞狮、开路、同心和源五虎打路、小车会等六档花会参加了表演，同时通过积极努力杠箱会的演员已经全部实现了本土化，标志着北京杠箱在社区传承工作的完成。

◎ 元宵灯会上杠箱会在表演 ◎

崇外元宵灯会杠箱会演员名单

杠箱官	林毅涛			
抬杠箱	黄　勇	冯文武	陈振华	李连桥
抬杠箱官	刘全平	孙凤春		
牌	王　新	王金土		
棍	李鸿恩	任振杰	张家栋	李永顺
旗	王卫东	李　勇	刘全福	杨志远
锣	孙厚明	范金华		
小锣	孙志军	刘立新		
铁链	杨立言	李庆山		
伞	谢全喜			

会首　　　黄荣贵

（属舞台演出未挑屏）

2010年北京杠箱在原崇文区非遗大展上表演受到观众的欢迎。2011年10月，新世界中国地产有限公司第二届全国员工运动会隆重召开。开幕式上举行了大型团体表演，北京杠箱、众友同心中幡圣会、开路三个非遗项目参加表演，受到了观众的普遍欢迎，为运动会增添了色彩。此次非遗表演也是非遗继进社区之后走进企业单位的第一次表演。近几年的北海庙会、厂甸庙会、怀柔庙会也都留下他们的足迹并且获得了奖项。

◎ 杠箱会东城区非遗大展表演 ◎

2007年初，兵部杠箱会以“北京杠箱”的名称入选原崇文区级非物质文化遗产名录，不久北京杠箱入选北京市级非物质文化遗产名录。2009年黄荣贵被确定为北京杠箱的市级非物质文化遗产代表性传承人。2010年黄荣贵被东城区政府评为优秀传承人。2010年5月3日妙峰山庙会期间，为了纪念北京花会著名老会首隋少甫先生逝世五周年，在北京妙峰山举办了纪念活动，同时为妙峰山庙会献艺，北京六档花会参加了演

◎ 黄荣贵被确定为“北京杠箱”的市级传承人 ◎

出。兵部杠箱会和众友同心中幡圣会两档花会也参与其中，值得一提的是兵部杠箱会在沉寂百年之后，重上妙峰山表演。

兵部杠箱会重上妙峰山献艺，是国家非物质文化遗产保护工作成就的展示，是原崇文区非物质文化遗产保护工作成就的展示。在表演现场有一位身体健壮的老人，胸有成竹地调控着演出，仿佛指挥着千军万马的将军，成为杠箱会表演的灵魂，他就是黄荣贵。

黄荣贵在取得如此大的成绩后，又开始策划恢复石锁的表演。2011年他带领徒弟恢复了内八档中的石锁项目，成立了众友合缘石锁圣会，现正在申报进入非遗名录。

2005年9月隋少甫去世后，黄荣贵成为北京花会界的领军人物，现有徒弟多人，均得到真传。黄荣贵现在是北京民间花会中具有威信的老会首、北京民间文艺家协会的会员、东城区民间艺术家协会理事、崇文门外街道民间艺术协会主席。他经常主持贺会活动，在花会界是举足轻重的人物，在社会上也有一定的影响。为了弘扬中华民族的传统技艺，每年他都要带领徒弟参加各种花会和庙会表演，而且多次获奖，受到好评，媒体也多次进行了报道。

在他的指导下中幡得以发展，杠箱、石锁得以恢复，北京民间十三档花会，现有三个项目的传承居于其身，他无疑是高产的传承人。北京这个历史文化丰富的大都市的传统文化，就是靠有一批像黄荣贵这样老一辈非遗传承人来维系着，才使我们现代都市年轻人，还能感受到老北京传统文化技艺的精妙，为有如此绝伦的灿烂文化而自豪。黄荣贵正用自己的微薄之力恢复、传承着民族文化的历史，传递着北京传统花会文化的接力棒，甘愿成为非物质文化传承的一块基石。

黄荣贵谈到走会的费用时说，走会的费用主要用于租车和午餐及个别演员的劳务费，对于中幡他花费少些，因为人员多是他的徒弟，就是租车及吃饭，去妙峰山门票可以免费，还有其他的文会的支持。拉道具一辆大面包车就行了，因为常年走会，也有了经验，他们对道具中幡进行了改进，可以进行折叠，固定在车顶上，到现场再进行组装，这样七八个人就可以。但杠箱不同，人数多、道具多，杠箱的杠子就7米长，不能折叠，给运输带来了很大困难。他们在制作道具的初期就考虑过运输的问题，试着依据中幡折叠的原理进行改进，但装配起来很麻烦，而且稳定性不好，容易断，在表演时出现过折断的事故。所以，还是用传统的方法，沿用7米长一根完整的竹竿。这样就特别占地方，光拉道具的车就要两辆长面包车，还不算拉演员的车。

有时有些演员因有事或是身体不舒服来不了，还要请其他的演员来客串，这样还要付出一定的劳务费，所以费用很大。在杠箱会恢复时一切费用由原崇文区文化馆担负，2007年在太庙参加的表演和前门踩街属于政府安排的活动，费用也是由原崇文区文化馆承担，作为会首的黄荣贵并不发愁，之后开始自己走会就有点儿财力不足了。民间花会并不是商业的演出团体，是群众的自发性组织，并不是以营利为目的团体，如果参加比赛或是活动有了点儿收入并不是平分了事，而是除去开销后留存下来，备下次再用。由于杠箱开支大，黄荣贵他们还要经常从中幡的钱中划出来补贴。原崇文区文化馆从杠箱的保护经费中支出费用制作了道具和服装，但在2012年特大水灾中因放在地下室而被淹，服装全部被泡糟，稍微一拽就烂，东城区文化馆立即支付经费购置了新服装。但上妙峰山走会并不属于政府组织安排的，属于民间行为；妙峰山娘娘庙现在属于公司承包经营，对此也不支付费用；妙峰山庙会并没有纳入北京市政府举办的范围，对各个区县也没有号召力，即便是门头沟政府组织花会走会，但各花会属于不同的区县组织，相互属于平级没有制约性，别的区县也可以不听，故本区也不会支付费用。

如果每次都是由政府出资，不仅手续繁杂，最终政府也会对其进行严格意义上的控制，民间表演形式可能会被加以限制，独立性的民间花会就会有了性质上的变化。政府扶持只能是支持，并不能将民间花会纳入国家正式的编制，成为全额拨款的专业院团。何况北京列入非遗的民间花会就几十个，国家也养不起，所以演员还要去奔生活，最终性质还是民间的，和当初内八档香会的性质区别很大。因此，杠箱的民间走会完全由会首自定、自己掏腰包。黄荣贵说："每月退休金只有两千元，幸亏有中幡会支撑还能贴补一些，否则真是养不起。"

（五）会首收徒

在民间花会的会规中对拜师收徒有着非常严格的要求和规定，一般都举行传统的拜师仪式。会规要求不是什么人都可以收徒的，传授表演技艺不叫收徒，叫会友，只有会中的前引才能收徒，和我们生活和工作中的诸多收徒拜师不同。拜师前要发请帖，邀请其他的花会的会首来参加，来得越多越有面子。拜师仪式由司仪主持，还要铺红地毯，再由有名望的花会老会首四人拉着红地毯四个角铺在地上，这样才能行拜师礼。新的徒弟头上顶着大帖，写着徒弟的生辰八字，由"引保"引领进到现场，师傅接帖落座后要给师傅行大礼（叩头），再向会中的前辈等人行礼，长辈还要为收徒的师傅挂红（送帐子），能够表演的再表演一下该花会的部分内容，最后还要吃一顿饭，才算结束。

2007年5月11日，当时还是众友同心中幡圣会会首的黄荣贵和太平同乐秧歌圣会会首的赵凤岭一起举办了收徒仪式。仪式在原崇文区培新街的海鲜酒楼举办，笔者也被邀请有幸见到了这个已中断几十年的收徒仪式。黄荣贵收徒六人、赵凤岭收徒三人，京城十余档花会的会首和嘉宾都赶来祝贺，人数约百人，赵凤岭第一个举行收徒仪式，黄荣贵第二个举行。

仪式开始，黄荣贵来到案前叫香拜祖师，王文刚、陈振华、郭文亮、黄勇、冯文武、李学军等六人身着统一中式白色服装，按顺序入场一字排开，对香案上的名字牌位叩首。之后，徒弟选出一个代表宣读拜师帖，徒弟两手托帖举起把帖顶在头顶，黄荣贵接帖，然后回赠徒弟每人一套写有“会规”的书，徒弟们叩首感谢众人，仪式基本完成。

◎ 黄荣贵收徒 ◎

仪式由民俗专家崔普权主持，北京民间文艺家协会主席赵书致辞，对此次收徒仪式的举办给予了高度评价。仪式后赵书还为徒弟们写了赠言，民俗专家王作楫、包世轩先生等参加仪式，被徒弟们亲切称为师姑的隋少甫的女儿隋雪雁也参加了仪式，收徒仪式的举办受到了社会的广泛关注。

传说的收徒仪式源于非物质文化遗产被广泛认可和推进，是人们回归中国传统文化的体现，是传统民间文化的恢复和发扬光大。在当今社会文化尤其是西方文化的冲击下，传统的收徒仪式的举办是人们对大工业化、城市化、社会化的民族精神的唤醒，对文化走向多样性的趋势的肯定，传统民间花会艺术的复兴终于又回到了中国人之中。花会的收徒不是技艺的传承而是会规、会礼的传授，是民间花会走向理性规范、有序发展的必由之路。中国有句话叫作“没有规矩不成方圆”，散沙一盘，只能是自生自灭反而会影响民间花会的形象和声誉，由于“文化大革命”中的花会发展的断层，很多新成立的花会并不懂得“老礼”，只是会几下就到处表演、走会。混乱的局面就会给民间艺术带来不良的发展，会规的复苏就是民间花会走向良好循环发展的公约。

隋少甫先生和卢德瑞先生这一批老会首去世后，黄荣贵这一批会首就是现在的权威性人物，新的一代会首黄荣贵、赵宝琪等继承者传承了隋少甫他们一代人的事业，使北京民间花会又燃起了新的火花。民间花会的传承者们将一代一代地按照老前辈们的愿望将花会技艺传承下去。

（六）中国传统文化的守卫者

走会表演不同于艺术团等营利组织，不是只认钱，见钱就表演，以赚钱为目的。杠箱会的演员们都有工作，有的是司机，有的是工人或是理发师，他们是因为一个目标而走到一起来的，这就是爱好。爱好民间艺术，他们不为商业利益诱惑，而是始终坚持非营利性、公益性、娱乐性，一心一意追求中国传统民间艺术。它的运作很大程度是靠会员们的奉献精神和对民间文化传承的追求来维系的，围绕在会首周围，齐心协力不计报酬，使走会的演员们在精神上既充实又愉快。

1997年以后在妙峰山庙会期间，除了传统花会外还来了很多不是会的老年文艺团队，如老年秧歌队、健身队、舞蹈队，他们不懂得会规，也不是传统意义上的会，看见别人怎么练他们也就学着怎么练，是个综合性的大杂烩，上山表演纯粹是游玩、爱好和过瘾，对于信仰和传统一无所知。他们不懂打三参、拜棚的规矩，这样意义上的花会，一波又一波，古老的规矩已被冲击，会规也逐渐淡漠，只有那些传承下来的会还保持着会规，坚守着最后的心灵底线。

一次笔者与黄荣贵谈起会规，笔者问：“我听说花会界流传着你打人的事，是有这事吗？”黄老说：“是有这么回事，现在很多会并不是传承下来的，而是自己乱攒的，不懂规矩，我们也就不计较，知道大家也都不容易，都是同道也是好事，但是不能不懂还乱来，自己拼凑了一个什么都不是的会，还来管我们正经的会，没打知还来影响我们。我火了问他们，你们懂不懂规矩？不懂回去，学会了再来。那会首反而玩浑的，我一个耳光就打过去，于是就成了警察出面该管的事儿了。我赔了

500元钱才算完事。一提这事我就生气，祖宗传下来的东西到现在什么都不会，连起码的规矩都不知道就来走会，还自视挺明白，真是……”此事在北京的花会界流传甚广，黄荣贵由此更加受到了花会界的尊重。

（七）兵部杠箱会重上妙峰山献艺

2010年5月3日妙峰山庙会期间，为了纪念北京花会著名老会首隋少甫先生逝世五周年，在北京妙峰山举办了纪念活动，同时为妙峰山庙会献艺，北京六档花会参加了演出。兵部杠箱会和众友同心中幡圣会两档花会也参与其中，这也是兵部杠箱会在沉寂百年之后，重上妙峰山表演。

演员们上山前做了充分的准备，精神面貌焕然一新，因为他们要见证这个精彩的历史时刻，这是几代杠箱人的心愿。演员们早早地来到庙里进行准备，在会首黄荣贵的指挥下将道具装配起来。黄荣贵的儿子黄勇将箱子上的铃铛捋顺挂上，又掂了掂确信不会扭在一起后才放手，黄荣贵怕徒弟们干得不仔细，又重新检查一遍才放心，还忙着帮杠箱官穿官袍，一再嘱咐他要做的动作顺序，待一切准备完毕，开始指挥人员列阵（因人员较多，杠箱太长，娘娘庙里地域狭窄，考虑到诸多安全因素，主办方原崇文区花会联谊会和黄老他们商量不进庙内只在庙门前参驾，然后到塔院广场表演）。

◎ 装配道具 ◎

此次杠箱走会前引由黄荣贵的师弟赵宝琪担任，黄荣贵在最后督队。随着赵宝琪的口令，大锣敲响了，队伍开始行进。赵宝琪手持手旗走在最前面，按照会规向相关的茶棚打知，后领着队伍行进到娘娘庙门前参驾，打大锣的敲起大锣，随着“哐——哐——”的锣声，赵宝琪躬身持手旗打三参，然后大声地念香词：“见过神堂的，见过守驾的文武各会，见过善缘的文武各会，见过随缘的文武各会，见过京城内外三山五顶各股香道，平香的，坐棚的，传承遗产兵部杠箱会上香有鉴哪！”众人高喊“虔诚”。

◎ 行进到娘娘庙门前参驾 ◎

然后全体人员在赵宝琪的指挥下退到庙门外塔院广场列好阵势表演，先是两抬杠箱同时演，后是一抬杠箱单独表演。冯文武和黄勇是一抬杠箱，冯文武在前黄勇在后，表演了串肩、漏肩、下叉、上脑旋、鼻健、地趟滚、掖脖、侧手翻等一系列动作。另一抬杠箱前杠是李连桥，后杠是陈振华，表演了朝天蹬、三起三落、三角顶、爬虎、口衔箱杆、抢背、元宝大顶等动作。最后是杠箱官表演了上、下杠、审案等节目，受到了广大观众的热烈欢迎。

◎ 兵部杠箱会在妙峰山表演 ◎

兵部杠箱会在清朝末年曾3次随慈禧太后上妙峰山走会献艺。在众多古人撰写的文章、纪实中也曾出现有兵部杠箱会的会名。

例如，在妙峰山有清光绪二十五年（1899年）灵官殿文武各会芳名刻石上刻有以下内容。

灵官殿……四路香道武当各会：

慧照寺太狮、同心合善打路、大有庄六合少林、西安门掌仪司太狮、地安门同义永乐开路、工部石锁、达子馆小执事、长春花鼓、胆家坟太平花鼓、太平歌词、兵部引善杠箱、乐善升平秧歌、群英乐善双石、雪池公议助善□□□、宝禅寺公益助善□□□、蓝靛厂万佛寺同心合善打路、黑塔寺杠子、正阳门外亿寿双石、虎坊桥秧歌、大有庄三村合议普庆秧歌、正阳门外西河沿永乐同春五虎少林棍、□□街升平乐善秧歌、方砖厂恩荣武狮会……

随后兵部杠箱会衰落，百年内再也没有去妙峰山走会。国家的强盛以及非物质文化遗产保护工作的推进，为兵部杠箱会的恢复带来了发展机遇。兵部杠箱会在百年后重上妙峰山献艺走会具有划时代的意义，是国家非物质文化遗产保护工作的巨大成就，是原崇文区非物质文化遗产保护工作成就的展示。

（八）兵部杠箱北海走会

内八档花会源于皇宫大内，是真正的皇家文化。每逢皇帝登基、成亲、祝寿等庆贺大典时，各政府部门都会出节目祝贺，节目的表演形式虽来自民间，但极尽皇家之气派，久而久之形成了兵部的杠箱、刑部的五虎棍、户部的秧歌、礼部的中幡、工部的石锁、吏部的双石、掌仪司的太狮、太子府的花坛等八大花会。清朝时能进皇家园林演出是民间香会的向往，现在能够时隔百年重新走进皇家园林演出也是杠箱会的心愿。

2012年1月26日正月初三上午，黄荣贵率众徒在北海公园参加内八档花会表演，为游客表演了兵部杠箱会，这也是内八档首次聚齐。赵宝琪曾经听一位已过世的老会首说过：“都说杠箱是内八档之首，可我这辈子都没见过。”老人要是活到现在应有100多岁的高龄了。

黄荣贵担当起恢复兵部杠箱会的重任。目前杠箱走会的都是黄荣贵的徒弟，练中幡的、扔石锁的、走杠箱的都是一班人。因为练中幡的身体素质和杠箱的几乎一致，杠箱是横着扛杠子，中幡是竖着扛杠子，所以转化得很快。走杠箱的不比中幡，人员太多，费用太高，只定地往里砸钱，所以只能是一切因陋就简。在北海走会，租两辆面包车拉道具就要1000多元，再加上演员吃午饭，几乎就没有剩余了。

虽然北京的天气很冷，但看热闹的人越聚越多，群众热情高涨，也带动了演员们。此次北海表演由黄荣贵带会，李连桥扮演杠箱官，他已45岁，因从小练功有些功底，当杠箱官一点儿也不费力，而且在原来的基础上提高了表演难度，可以在两抬杠箱的杠子上表演，活脱脱把杠箱官的动作演得如云中飞龙，创新了杠箱官的可看性，将杠箱官的表演推上一个新台阶。杠箱的演员们说："逢年过节时走走会，过过瘾，也让大伙看看北京的老玩意儿。不为挣钱，就是喜欢民间的艺术，就怕这玩意儿丢在自己手里。"

◎ 笔者采访黄荣贵 ◎

北京杠箱在新的时代面前除了继承传统技艺外还要不断地创新，只有不断地吸取新的养分，才能屹立于民族文化之林。北京杠箱的传承工作任重道远。

参考书目

BIBLIOGRAPHY

傅学斌：《京剧脸谱》，百花文艺出版社2009年版。

奉宽：《妙峰山琐记》，北京燕山出版社2007年版。

袁树森、齐鸿浩：《妙峰山庙会》，中国博雅出版社2007年版。

隋少甫、王作楫：《京都香会话春秋》，北京燕山出版社2004年版。

罗平：《杂戏》，花山文艺出版社2005年版。

《清内务府档案》全国图书馆文献缩微复制中心出版的国家图书馆藏历史档案文献丛书。

夏仁虎：《旧京琐记·卷一》，北京古籍出版社1986年版。

刘荫柏：《中国古代杂技》，商务印书馆2006年版。

高有朋：《庙会与中国文化》，人民出版社2008年版。

刘芹：《中国古代舞蹈》，商务印书馆1991年版。

孙庆忠：《妙峰山香会组织的传承与处境》，知识产权出版社2011年版。

可平：《关东乐舞》，沈阳出版社2004年版。

《妙峰山庙会今夕图片展 》妙峰山管理处。

王兆祥、刘文智：《中国古代的庙会》，商务印书馆国际有限公司1997年版。

顾颉刚：《妙峰山》，上海科学技术文献出版社2014年版。

金勋：《妙峰山志》，北京燕山出版社2007年版。

《北平指南》，北平民社1929年版。

徐珂编辑，无谷、刘卓英点校：《清稗类钞选》，北京书目文献出版社1984年版。

（宋）周密：《武林旧事》，中华书局2007年版。

李海菊：《跑灯官》，《燕赵都市报》。

蒙冠贤、陈海兰讲述，李善文整理：《古北口花会》，《政协文史资料选编》1985年第一期。

姜彬：《吴越民间信仰民俗》，上海文艺出版社1992年版。

包世轩：《妙峰山庙会》，北京美术摄影出版社2014年版。

孙景琛、刘恩伯：《北京传统节令风俗和歌舞》，文化艺术出版社1986年版。

张淑瑗、张淑新：《金銮殿朝夕》，中国城市出版社1996年版。

北京杠箱大事记

2004年年底，根据党的十六大提出的要“扶持对重要文化遗产和优秀民族民间艺术保护工作”的要求，为贯彻落实《崇文区关于实施“民族民间文化保护工程”的意见》精神和区文化委关于民族民间文化保护工作会议的部署及要求，崇文门外街道全面开展了民族民间文化保护项目的普查工作。

2004年11月进行了业务培训，明确了民族民间文化保护项目的普查工作的目标和范围。

2004年11月30日上午，崇文门外街道召开了由居委会主任和地区知名人士、老艺人共40人参加的民族民间文化保护工程座谈会。会上请孙家汇老人讲述他所了解的老艺人隋少甫的情况。

2004年12月2日，笔者到大桥居委会了解老艺人隋少甫的情况，在居委会主任的陪同下看望了隋少甫老人，并了解老艺人的绝活。

2005年1月7日下午，北京群众艺术馆副馆长石振怀、原崇文区文化馆副馆长武良田、崇文门外街道办事处文卫科科长尹彩云、北京市民保办公室王媛一起由笔者领路，去隋少甫家调研兵部杠箱会的情况。

2005年1月13日，原崇文区文化馆召开会议布置联合挽救兵部杠箱会工作的研讨会。

2005年2月6日，原崇文区文化馆副馆长武良田和东城区文联舞蹈家协会秘书长于永香、崇文门外街道办事处文卫科科长尹彩云和笔者到隋少甫家调研时偶遇民俗专家王作楫先生，一起探讨了兵部杠箱会的情况。

2005年3月3日，北京群众艺术馆副馆长石振怀、原崇文区文化馆副馆长武良田同笔者一行九人，去天津调研天津杠箱会的流传情况。

从2004年12月开始，一直到2005年7月，笔者一有空就去隋少甫家里采访、录音、搜集整理资料。

2005年6月6日，中央电视台记者对隋少甫进行采访。

2005年6月6日，《法制晚报》记者王溪采访隋少甫。

2005年6月23日，《北京晚报》记者李莉在笔者的陪同下采访隋少甫，同时，笔者绘画的杠箱图谱和资料交隋少甫审阅。隋少甫对内容和动作予以确认。

笔者编绘的《北京“兵部杠箱会”解析集》完善装订后，于2005年7月8日完稿上报原崇文区民保办。此集对崇文门外地区民保普查中发掘的清代兵部杠箱会的表演内容、历史背景和研究成果进行了论述，对表演动作、服装、道具绘制了图谱。因隋少甫的逝世该书已成为全国唯一全面记录兵部杠箱会的历史记录。

2005年7月11日，原崇文区新闻中心的记者对隋少甫进行采访录像，并在北京电视台播放。

2005年7月14日，接到北京市民保办通知去隋少甫家询问2001年中央电视台国际部拍摄妙峰山录像的事，隋少甫让帮助记录一下缝绽老会的事，于是他口述，笔者记录了该文章。

2005年7月25日，到首都博物馆调查杠箱的有关史料。

2005年8月2日，民俗专家王作楫先生来崇文门外街道办事处商谈审阅《北京“兵部杠箱会”解析集》一书的情况。

2005年9月4日7时40分，隋少甫在北官园八号家中逝世。

2005年9月7日晚，北京民间花会以他们传统的方式在隋少甫的家中举行了送别仪式。

2005年9月8日，北京各界在殡仪馆为隋少甫举行了隆重的遗体告别仪式。

2005年9月12日，笔者到首都博物馆调研。

2006年3月9日，笔者撰写《兵部杠箱会年鉴》。

2006年4月4日，笔者到首都博物馆拍摄民间使用的杠箱。

2006年6月10日，在崇文门外新世界商场门前举办“崇文区中国文化遗产日崇文区宣传纪念活动”，宣传非物质文化遗产。

2007年1月22日，兵部杠箱会以“北京杠箱”的名称入选原崇文区级非物质文化遗产名录并予以公布。

2007年1月22日，上报兵部杠箱会恢复的方案。

2007年1月29日，原崇文区文化委召开兵部杠箱会工作会， 建立兵部杠箱会恢复的组织机构并召开专家论证会进行研讨，确定以原崇文区文化馆、文联和崇文门外街道办事处联合组织恢复，以隋少甫的二徒弟黄荣贵、五徒弟赵宝琪为指导，有关专家为顾问的形式开展工作。

2007年1月31日，原崇文区文化馆召开兵部杠箱会论证会。

2007年2月2日，到丰台十八村调研。

2007年2月4日，到密云古北口调研。

2007年2月5日，原崇文区文化馆召开兵部杠箱会论证会。

2007年2月8日，到河北省霸州联系制作杠箱的事。

2007年2月13日，到河北省霸州拉杠箱的样品和到北京市大兴拉竹竿。

2007年2月25日，原崇文区文化馆召开兵部杠箱会会议。

2007年2月28日，开始在原崇文区文化馆进行为期近两个月的兵部杠箱会排练。

2007年3月6日，再次到河北省霸州订制杠箱及其他的道具，去北京市大兴拉竹竿。

2007年3月7日，去古代建筑研究所找民俗专家包世轩商讨、搜集杠箱的资料。

2007年3月9日，原崇文区文化馆开会研究杠箱的舞台剧本。

2007年3月13日，到河北省霸州送杠箱上用的铜钉和包边皮子，再去往河北省石家庄井陉县调研。

2007年3月14日5时，赶到井陉县城再前往小作镇赵庄岭村参加“皇纲艺术节”。

2007年3月16日，原崇文区文化馆召开杠箱论证会，并进行杠箱会的展示汇报。

2007年3月24日，去河北省霸州取杠箱、牌和棍等道具。

2007年4月2日，兵部杠箱会进入隆安寺排练。

2007年4月6日，初步恢复的兵部杠箱会在隆安寺为市、区领导和有关专家进行汇报演出，受到专家和业内人士的一致好评。众多媒体报道，社会反映强烈，很多的观众给电视台打电话，取得了很好的社会效果。

2007年5月11日，黄荣贵按照传统方式举办隆重的收徒仪式。

2007年5月18日，北京电视台《北京纪实》栏目播出《北京杠箱纪实》。

2007年6月，北京杠箱入选北京市级非物质文化遗产保护名录。

2007年6月9日，兵部杠箱会参加了北京市文化局在劳动人民文化宫举办的“保护文化遗产　展示人文奥运”——北京2007年“文化遗产日”宣传活动的展演。兵部杠箱会演员们的精彩表演赢得了观众们的阵阵掌声，北京市副市长孙安民观看了演出。众多的媒体也给予了报道，为原崇文区赢得了荣誉。

2008年5月7日上午，在门头沟区妙峰山举行已故民间花会艺术家隋少甫老先生的立碑揭幕仪式。十多档花会的老会首及各界群众200多人出席仪式，随后八档花会进行了现场表演。

2009年3月，黄荣贵被北京市文化局确定为北京杠箱代表性传承人。

2010年1月31日，北京市举办了“我的北京我的家”春节系列文化活动启动仪式，并进行了前门踩街活动，兵部杠箱会代表原崇文区参加踩街表演。他们的精彩表演受到了在场观众的欢迎。

2010年2月26—28日，国瑞城商场门前崇文门外街道办事处举办第十届元宵灯会，为了继续发扬、传承中国的传统文化，崇文门外街道元宵灯会现场还有各种民间花会表演，中幡、杠箱、舞狮、开路、同心和缘五虎打路、小车会等六档花会表演，当天均为隋少甫的弟子们为大家献艺，其中五档花会为市、区级非遗项目，让居民们享受了一道原汁原味的民俗文化大餐，也感受到传统佳节的浓烈气氛。同时通过积极工作，兵部杠箱会的演员已经全部实现了本土化，当天的表演也标志着兵部杠箱会在社区传承工作的完成。

2010年5月3日，妙峰山庙会期间，为了纪念崇文门外辖区居民北京花会著名老会首隋少甫先生逝世五周年，在北京妙峰山举办了纪念活动，同时为妙峰山庙会献艺，北京六档花会参加了表演，崇文门外街道办事处兵部杠箱会参加演出。值得一提的是兵部杠箱会在沉寂百年之后，重上妙峰山，是国家非物质文化遗产项目的保护工作成就的展示，是原崇文区非物质文化遗产保护工作成就的里程碑。

2010年6月11日，兵部杠箱会在原崇文区非遗大展上表演，受到观众的欢迎。

2010年7月12日，兵部杠箱会在北京中顶庙走会演出。

2011年大年三十，北京民间"幡鼓齐动十三档"在2011年厂甸庙会开幕式上演出，黄荣贵率兵部杠箱会参加表演，走会顺序：（1）西铁匠营一统万年大鼓老会；（2）义振旗缘太狮圣会；（3）众友同乐开路圣会；（4）石锁；（5）同心合缘五虎打路；（6）上辛堡高跷会；（7）杠子；（8）右外西庄万源双石老会；（9）众友同心中幡圣会；（10）花坛；（11）长店村吵子圣会；（12）天平；（13）兵部杠箱会。

2011年2月7日，黄荣贵率兵部杠箱会参加在怀柔举办的圣泉山庙会表演。

2011年2月15日，崇文门外街道办事处举办了主题为"弘扬传统文化 展现时代新姿"的第十一届元宵灯会。现场邀请了各档民间花会表演，黄荣贵率领兵部杠箱会参加表演，引来观众的阵阵喝彩。

2011年10月，新世界中国地产有限公司第二届全国员工运动会隆重召开。开幕式上举行了大型团体表演，兵部杠箱会等非遗项目参加表演，受到了观众的普遍欢迎，为运动会增添了色彩。此次非遗表演也是非遗继进社区之后走进企业单位的探索。

2012年1月26日，黄荣贵率兵部杠箱会的演员参加在北海公园举办的内八档花会表演，为游客展演了精彩的兵部杠箱会演技，也是内八档首次聚齐。

后记

AFTERWORD

笔者一直想写一本有关北京杠箱（兵部杠箱会）的书，东城区非遗中心也多次和笔者谈起写书之事，因事务太忙想过几年再说。2014年，在一次民间花会拜师仪式上偶遇石振怀先生，谈到北京市文学艺术界联合会正在出版“非物质文化遗产丛书”时，他建议笔者承接该书撰稿工作。石振怀先生是北京杠箱项目普查、申报、恢复的经历者和支持者，为了北京杠箱积极地奔走，非常了解当时的情况，北京杠箱有今天的成就，石振怀先生是功不可没的。尽管事务繁忙，笔者还是答应了，因为早日成书是对北京杠箱的保护方式之一，是对关心、帮助、参加北京杠箱工作的人们的一个交代，也是笔者的义务。

当得知笔者要写书时，隋少甫先生的徒弟们都积极支持。黄荣贵、黄勇二位先生专程到笔者的办公室接受采访并积极地提供素材，赵宝琪先生对提出的问题都给予了满意的答复，孙忠喜先生也回忆了很多细节，今天本书的出版也和他们的关心和帮助分不开。

北京杠箱在列入非遗重点普查项目后，得到了政府和社会各界的关注。2007年恢复实体性的表演，各新闻媒体给予了大量的报道，社会各界给予了高度的评价，许多读者纷纷打来电话表示支持。北京杠箱的表演团体由东城区崇文文化馆直接管理，正步入循序渐进的正规发展之路。作为直接参与该项工作的工作人员，笔者也甚是欣慰。

曾经有很多人问笔者："都说兵部杠箱会的地位高，究竟有多高？相当于当今的什么部门？"按照隋少甫先生的话，兵部杠箱会是最高档次的皇会。

隋少甫先生解释说："兵部在所有清朝部门中是最重要的，因为清朝是靠军队打下来的，江山也是靠军队维护的。满族人被分为八旗，旗人男子都是终身世袭的职业兵，家属都是军属。部门重要，所以它的表演团体也是最高的，而且杠箱官被皇帝封为七品，可以代表司法审案，足以说明他的地位之高。"兵部杠箱会是清朝兵部唯一的演出团队，演员都是由中下级军官兼职。

当然，说隋少甫先生是杠箱官的后人又是兵部杠箱会的传承人，可能有一些偏袒，话中未免有夸大的成分。兵部杠箱会是"内八档"之一，从艺术上讲，各档应该是平等的。但笔者也看到有关文字，指出走会时所有的会都要听兵部杠箱会的指挥，所以不能否认兵部杠箱会有它自身的威信。

最开始笔者对于民间艺术只是比较喜欢，并没有很专业的水平，笔者的专业是美术（中国画和书法），但这也许就是触碰中国民间艺术的引信。笔者从事的是群众文化工作，长期和老百姓在一起，有了接触民间艺人的机会，慢慢受到熏陶，对于民间艺术开始热爱起来。民保工作的展开，使笔者逐渐从事起民间艺术的保护工作，对于民间花会开始涉猎、研究。每次上妙峰山庙会看到民间花会的表演技艺、玩角们的认真、观众们的热情，笔者都热血沸腾，每次去外地乡镇调研看到民间艺术的形式、规模和受欢迎程度又引起笔者的赞叹和思考，使笔者从民间艺术中受到启发。

《北京杠箱》一书是笔者在编绘的《北京“兵部杠箱会”解析集》的资料基础上撰写的，引入了大量的历史文献和研究分析的内容，力争在全面介绍的基础上还历史以本来面目。兵部杠箱会是历史长河中的一叶小舟，时间长久，资料记录较少，明、清的传承谱系未留下文字，只找到清朝后期的资料，传承人也对历史部分知之甚少，甚至有些资料还互相矛盾，所以本书可能在某些方面阐述的有不同解释和看法，敬请谅解。

《北京杠箱》一书只是这几年来笔者对北京杠箱研究的一个初探的汇报，不可能完全展示北京杠箱的风采，只是显露了冰山的一角，但是笔者想只要认真去做，去研究，就会揭开历史的全貌。

感谢北京市文学艺术界联合会、北京民间文艺家协会和北京出版集团的抢救出版工作，他们出版的丛书可以说是“功德无量，利在千秋”，为后人留下了一份宝贵的文化财富。感谢黄荣贵、赵宝琪、孙忠喜、黄勇等传承者的口述资料，感谢东城区崇文图书馆马宁、杨巍、刘瑞、李俊玲和东城区非遗中心杨建业、高连政等人的大力支持，感谢蔡树文、周研等相关人士在照片、文字修改等方面提供的帮助。

因时间仓促，难免在内容资料上较为笼统，深度不够及存在各种文字问题，请有关专家指正，以便在今后的修改过程中更好地将北京杠箱加以完善。

张艺军

2015年3月7日